Hans Hatzmann

Mit Holz arbeiten

løewenzahn

© 2007 by loewenzahn in der Studienverlag Ges.m.b.H., Erlerstraße 10, A-6020 Innsbruck // e-mail: loewenzahn@studienverlag.at, homepage: www.loewenzahn.at // Bibliografische Information der Deutschen Bibliothek: Die Deutsche Bibliothek verzeichnet diese Publikation in der Deutschen Nationalbibliografie; detaillierte bibliografische Daten sind im Internet über <http://dnb.ddb.de> abrufbar. // ISBN 978-3-7066-2411-4 // Grafische Konzeption: Kurt Höretzeder, Büro für grafische Gestaltung, Scheffau/Tirol // Satz: loewenzahn/Christine Petschauer // Umschlag: loewenzahn/Stefan Rasberger // Alle Fotos: Franz Murauer, außer Seite 6/7 und 178: Herta Kirchberger // Redaktion und Lektorat: Heike Ortner // // Gedruckt auf umweltfreundlichem, chlor- und säurefrei gebleichtem Papier.

Hans Hatzmann

Mit Holz arbeiten

Schritt für Schritt
zum Handwerks-Profi

lœwenzahn
innsbruck–bozen

Inhaltsübersicht

Vorwort

Holz wird als Werkstoff seit Generationen verwendet. Holz ist als Energieträger unverzichtbar. Holz wird als Baumaterial genauso wie zur Papierherstellung genützt. Holz bietet eine breite Palette von Verwendungsmöglichkeiten.

Holz spielt dementsprechend auch die Hauptrolle in Hans Hatzmanns Buch „Mit Holz arbeiten“. Hier wird Holz von seiner schönsten Seite beleuchtet: in Form besonderer Möbel und dekorativer Gegenstände aus Holz. Dabei gelingt es Hatzmann, vom trockenen Fachbuch wegzukommen, hin zu einer auch für den Laien und Holzhandwerk-Einsteiger verständlichen Werkanleitung. Der Blick wird dabei nicht nur starr auf das Werkstück gerichtet, sondern Hans Hatzmann fügt immer wieder historische Seitenblicke und interessante Zusatzinformationen ein. Als Möbelrestaurator ist ihm die geschichtliche Entwicklung der Möbelbaukunst bestens vertraut. Durch seine – wie er selber sagt – „Leidenschaft für Holz“ zeigt er uns in diesem Buch die vielen Seiten dieses mannigfaltigen Werkstoffes. Dadurch ist „Mit Holz arbeiten“ auch ein Buch zum Lesen, das genauso gut am Nachttisch wie in der Werkstatt liegen kann.

Die sorgfältig ausgesuchten Werkbeispiele beinhalten jeden Schwierigkeitsgrad und führen Sie Schritt für Schritt zu selbst gefertigten Möbeln und Geschenken. Es sind dies keine Möbel von der Stange, alle Werkbeispiele sind selbst entworfen und selbst angefertigt. Hatzmann geht dabei auch oft unkonventionelle Wege, wenn er z.B. das Kirschholz eines alten Bettes verwendet oder als Oberflächenbehandlung meist nur auf Möbelöl vertraut.

Werkstatt, Handwerkzeug und langsam in Vergessenheit geratene, klassische Holzverbindungen werden sorgfältig beschrieben, aber auch einfache Methoden wie das Zusammennageln einzelner Bretter oder Dübel und Lamelloverbindungen kommen nicht zu kurz.

18 Portraits heimischer Holzarten runden die Informationsvielfalt in diesem Buch zusätzlich ab. Neben einem anschaulichen Holzmuster erfahren Sie Wissenswertes über Aussehen, Wachs-

tum und Verwendung des Holzes. Die kulturgeschichtliche Bedeutung einzelner Bäume und Holzarten lässt uns oft einen neuen Blick auf so manchen scheinbar gut bekannten Baum werfen.

Hans Hatzmann ist es gelungen, uns Holz und das Arbeiten mit Holz in informativer und kurzweiliger Weise näher zu bringen.

Ich wünsche Ihnen mit diesem Buch viele interessante Stunden beim Lesen und Schmökern und hoffe auf ein gutes Gelingen beim Nachbau der Werkbeispiele. Nehmen Sie dieses Buch zum Anlass, Holz und das Leben mit Holz wieder mit bewussten Augen zu sehen. Der wunderbare Werkstoff Holz hat es sich verdient.

Mag. Lisa Wipplinger
Leiterin des Holz- und Werkzeugmuseums LIGNORAMA Riedau

Einleitung

- Mit Holz arbeiten
- Der Wald – ein einzigartiges Ökosystem
- Holz lebt – Leben mit Holz
- Möbel selber anfertigen

◆ Mit Holz arbeiten

Eine Leidenschaft seit meiner Kindheit

Holz spielte in meinem Leben immer schon eine bedeutende Rolle. Ich bin in einem 200 Jahre alten Holzhaus auf dem Simmelbauernhof in Utzenaich im oberösterreichischen Innviertel aufgewachsen.

Holz war in meiner Kindheit und Jugend allgegenwärtig, ganz gleich, ob es der Abenteuerspielplatz im nahe gelegenen Wald oder beim Bauen eines Baumhauses im elterlichen Obstgarten war. Bretter, Latten und Pfosten standen immer in ausreichender Menge zur Verfügung. Der Holzlagerplatz bot sich stets als Fundgrube für meine Vorhaben an.

Nicht nur im Spiel, sondern auch bei der Mithilfe im elterlichen Waldbestand lernte ich Holz kennen. Vom Fällen reifer Fichten bis zur Wiederbepflanzung des gerodeten Waldstückes konnte ich alle Stadien der Bäume mitverfolgen.

Ein großer Teil der gefällten Bäume wurde für Bauarbeiten am Hof verwendet. Die Bäume wurden mit dem Traktor in ein kleines Sägewerk gebracht und dort zu Kanthölzern und Brettern geschnitten. Ich kann mich noch gut daran erinnern, wie ich im Keller dieses Sägewerkes vor einem riesigen Berg aus Sägespänen gestanden bin. Der intensive harzreiche Duft liegt mir heute noch in der Nase, und immer, wenn ich in einem Sägewerk zu tun habe, erinnere ich mich gerne an meine Jugendzeit.

Derart fasziniert vom Werkstoff Holz lag es natürlich nahe, eine Lehre als Tischler zu beginnen. Dort waren die Verarbeitungstechniken schon etwas feiner als beim Spiel am Hof. Holzverbindungen wurden nicht mehr genagelt, sondern es kamen Zinken, Dübel und andere Verbindungen zum Einsatz.

Im Tischlereibetrieb lernte ich erstmals die große Vielfalt an verschiedenen Holzarten kennen. Waren es am Bauernhof einheimische Hölzer, allen voran Fichtenholz, so wurden in der Tischlerei hauptsächlich Edelhölzer und auch Tropenhölzer verarbeitet. Leider wurde schon damals ein großer Teil der Möbel aus furnierten Spanplatten angefertigt. Mit der Verarbeitung solcher Holzwerkstoffe, die zu einem großen Teil aus Abfallholz und künstlichen Leimen und Klebern bestehen, kann ich mich bis heute nicht anfreunden. Das war sicherlich mit ein Grund, nach meiner Lehrzeit den Beruf des Möbelrestaurators zu ergreifen. Diesen Beruf übe ich seit nunmehr 20 Jahren aus und bin täglich aufs Neue davon fasziniert. Bei antiken Möbeln gibt es keine Spanplatte, es wurden ausschließlich klassische Holzverbindungen eingesetzt, und wenn einmal ein Möbelstück furniert wurde, so hat man mehrere Millimeter dicke Furniere verwendet. Zum Vergleich: Heutige Furniere sind ca. 0,5-0,8 mm dick.

Holz ist mir nicht nur in meinem Beruf wichtig geworden, Holz hat in den unterschiedlichsten Formen auch meine Freizeit erobert. Ich bin in gewisser Weise zum Holzsammler geworden. Aus scheinbar wertlosen Bäumen, Sträuchern und Ziergehölzen versuche ich die unterschiedlichsten Dinge zu fertigen. Ob es aus Olivenholz gedrechselte Kugeln sind oder nur wenige Millimeter große Platanenholzstücke, die ich, in Silber gefasst, zu Ringen, Ohranhängern oder Broschen verarbeite, genauso wie die Anfertigung eigener Möbelentwürfe – Holz bildet dabei immer den Mittelpunkt.

Holz ist für mich der wunderbarste und vielseitigste Werkstoff, den uns die Natur zur Verfügung stellt. Der angenehme Duft, seidig glänzende Oberflächen und eine fast unerschöpfliche Vielfalt an Farben und Strukturen geben meinem Einfallsreichtum ständig neue Impulse. Begleiten Sie mich in diesem Buch in die Welt der Bäume und des Holzes. Werfen Sie einen Blick in die Werkstatt des Tischlers und lernen Sie dabei die wichtigsten Handwerkzeuge kennen. Ich zeige Ihnen, wie klassische Holzverbindungen fachgerecht angefertigt werden, und führe Sie Schritt für Schritt zu eigenen, selbst angefertigten Möbeln, exklusiven Geschenken und allerlei nützlichen Dingen aus Holz.

◆ Der Wald – ein einzigartiges Ökosystem

Wälder gehören zu den größten zusammenhängenden Ökosystemen auf unserer Erde. Sie bedecken etwa ein Drittel der Festlandfläche der Erde. Der Großteil davon besteht aus tropischen Regenwäldern. Das brasilianische Amazonastiefland ist dabei mit ca. 5 Mio. km² das größte Waldgebiet der Erde und ist somit ca. 50-mal so groß wie Österreich oder 15-mal die Fläche des deutschen Staatsgebietes. In Österreich bedecken Wälder eine Fläche von 47% der Staatsfläche, in Deutschland sind es 31%. Der Bayerische Wald ist das größte zusammenhängende Waldgebiet in Europa. Den meisten Waldanteil in Europa hat Finnland mit ca. 3/4 der Staatsfläche.

Die grüne Lunge der Erde

Der Wald ist eine unserer wichtigsten Lebensgrundlagen. Die Blätter und Nadeln der Bäume „assimilieren“, das heißt, sie nehmen Kohlendioxyd aus der Luft auf und wandeln es in reinen Sauerstoff um, den sie wiederum an die Umgebung abgeben. Ein 100-jähriger Baum kann täglich Sauerstoff für bis zu drei Menschen produzieren. Der Wald ist sozusagen die grüne Lunge der Welt. Das in den 1980er Jahren verkündete Waldsterben ist zwar in dieser Form nicht eingetreten, aber verstärkter CO_2-Ausstoß, großflächige Rodungen vor allem in Regenwaldgebieten und eine steigende Umweltbelastung setzen dem Ökosystem Wald stark zu. Die rasant zunehmende Ausbreitung des Borkenkäfers sowie die Vernichtung großer Waldflächen durch Sturm und Windbruch machen deutlich, dass der Wald zunehmend bedroht ist. Darum ist es wichtig, dass wir – so, wie wir mit unserer eigenen Lunge sorgsam umgehen sollten – auch auf die Lunge der Welt besonders Acht geben müssen.

Blätter und Nadeln der Bäume verwandeln Kohlendioxyd in reinen Sauerstoff

Eine unzählige Artenvielfalt

Der Wald bietet außer der Produktion von Sauerstoff noch eine Vielzahl von Vorteilen. Er ist die Heimat der meisten Lebewesen auf der Erde. Mehr als zwei Drittel aller Tiere leben in Waldgebieten, der Großteil davon in tropischen Regenwäldern. In diesen ausgedehnten Waldgebieten sind noch lange nicht alle Tier- und Pflanzenarten entdeckt und erforscht.

Schutz und Erholung

In waldreichen Ländern wie Österreich, Deutschland und der Schweiz gehört der Wald zum natürlichen Landschaftsbild. Der Wald erfüllt dabei vielfältige Funktionen. Im alpinen Bereich sind sogenannte Schutzwälder von großer Bedeutung für die Sicherheit von Straßen, Dörfern und Siedlungsgebieten. Sie bieten der Bevölkerung natürlichen Schutz vor Lawinen und Murenabgängen. Fällt dieser Schutz weg, muss er durch für die Volkswirtschaft sehr teure bauliche Maßnahmen wiederhergestellt werden. Dabei muss wiederum erheblich in das sensible Ökosystem eingegriffen werden.

Daneben bietet der Wald die größten Erholungsflächen für den Menschen. Was wären z.B. die Wiener ohne ihren Wienerwald? Der immer größer werdende Erholungsbedarf und ein vielfältiges Sport- und Freizeitangebot treten dabei immer öfter in Konflikt mit Förstern und Waldgrundbesitzern. Hier sind in Zukunft Lösungen, die einerseits auf das steigende Freizeitbedürfnis und den Erholungswert und andererseits auf das sensible Ökosystem Wald Rücksicht nehmen, gefragt.

Bauen mit Holz hat vor allem im alpinen Bereich Tradition. Alm im Virgental/Osttirol

Baumaterial und Energielieferant

Neben diesen Eigenschaften ist der Wald aber auch ein bedeutender Wirtschaftsfaktor. Der Wald liefert in großem Umfang Holz für Industrie, Bauwirtschaft und Möbelproduktion. Das leicht zu beschaffende Holz ist seit jeher das beliebteste Baumaterial vor allem im alpinen Bereich. Holzhäuser und landwirtschaftliche Nutzbauten mit einem Alter von bis zu 400 Jahren sind beeindruckende Zeugen dieser Tradition.

Einer steigenden Zahl ambitionierter Architekten ist es zu verdanken, dass der vielseitige Werkstoff Holz nun auch als Baumaterial im Wohnbau wieder verstärkt eingesetzt wird. Es entstehen dabei innovative und spannende Bauten

Kaum mehr sieht man so liebevoll aufgerichtetes Brennholz. In modernen Heizanlagen wird Holz in Form von Hackschnitzeln und Pellets verfeuert

Jährlich wächst mehr Holz nach als verbraucht werden kann. Wir müssen nur sorgsam mit dem sensiblen Ökosystem Wald umgehen

aus Holz. Die Verwendung von Holz als Baumaterial wird dabei dem steigenden Umweltbewusstsein in jeder Hinsicht gerecht.

So wie Holz schon seit Menschengedenken zum Beheizen der Häuser und Kochstellen verwendet wurde, werden jetzt immer öfter moderne Heizanlagen eingesetzt. Holz bietet sich dabei als idealer Energieträger an. Es ist CO_2-neutral; das heißt, es wird bei der Verbrennung nicht mehr CO_2 freigesetzt als beim Wachstumsprozess des Baumes verbraucht wurde. In Österreich wächst jährlich mehr Holz nach (31 Mio. m^3) als verbraucht werden kann. Dadurch wird sich Holz auch als Energielieferant gegenüber Öl und Gas durchsetzen können.

Einzigartiges Ökosystem

Waldsterben, Raubbau in Tropischen Regenwäldern, Borkenkäferbefall und Monokulturen sind Schlagwörter, die in den letzten Jahren immer wieder die Gefährdung der Waldflächen aufzeigten. Der Mensch ist hier zunehmend gefordert, Richtlinien zum Schutz dieser einzigartigen Ökosysteme aufzustellen und deren Einhaltung in besonderem Maße zu überwachen.

Der Wald wächst, wenn wir ihn lassen, immer wieder nach. Er geht nie zu Ende. Nur wir müssen mit diesem unglaublich vielseitigen und interessanten Rohstoff sorgfältig und mit Bedacht umgehen.

Holz lebt – Leben mit Holz

Holz lebt. Holz ist seit Menschengedenken der wichtigste Werkstoff, den uns die Natur zur Verfügung stellt. Die Bearbeitung von Holz steht ganz am Beginn menschlicher Kulturtätigkeit. Aus Holz wurden Werkzeuge und Waffen zur Beschaffung von Nahrung angefertigt. Die so bedeutende Entdeckung des Feuers konnte nur mit Holz am Leben erhalten werden.

Sehen Sie sich in Ihrer gewohnten Umgebung um, wie viele Dinge sind aus Holz? Der Griff des Messers, der Bleistift, der Fußboden, die Möbel, Bilderrahmen usw. Bauelemente wie Dachstuhl und bei den meisten Fertigteilhäusern die gesamte Konstruktion, aber genauso die Tageszeitung oder dieses Buch, das Sie gerade in Ihren Händen halten – alles ist aus Holz.

Holz hat nie an Bedeutung verloren; Eisen, Stein und im letzten Jahrhundert die Entwicklung von Kunststoffen traten zwar in Konkurrenz zum Holz, aber sie konnten es niemals wirklich verdrängen.

Individuell wie ein Fingerabdruck

Das liegt zur Hauptsache daran, dass *Holz lebt*. Bei ca. 2.000 bekannten Nutzholzarten gibt es eine große Vielfalt an unterschiedlichen Farben und Strukturen. Farbe, Maserung, Geruch, Dichte und Gewicht sind für die einzelnen Holzarten fast wie ein biologischer Fingerabdruck.

Holz lebt, und bei der Verarbeitung ist es wichtig, Holz leben zu lassen! Das so oft praktizierte völlige Überlackieren ist der Tod jeder natürlichen Holzoberfläche. Holz lebt durch seine Natürlichkeit, nicht durch einen dicken Lackauftrag. Ölen oder wachsen Sie die Holzoberfläche und Sie werden bei jeder Berührung das angenehme Gefühl eines lebendigen, warmen Werkstoffes erleben. Selbst Fußböden, die lange Zeit mit millimeterdicken Kunststofflacken in ein unnatürliches Korsett gezwängt worden sind, werden heute wieder mit Ölen und Wachsen behandelt. Wie übrigens schon im vorigen Jahrhundert – wer erinnert sich nicht an das sogenannte „Bohnern“? Das ist nichts anderes als das Wachsen eines Fußbodens. Spüren Sie die Wärme eines natürlich behandelten Möbelstückes, erfreuen Sie sich am samtig-weichen Glanz einer geölten und gewachsten Holzoberfläche.

Holz lebt, leben auch Sie *mit Holz.*

◆ Möbel selber anfertigen

Unzählige Farbnuancen, verschiedenste Maserungen und Gerüche machen jeden Baumstamm und dessen Holz zu einem Unikat. Holz ist ein warmer, natürlicher, lebendiger Werkstoff.

Mit dem nötigen Wissen über Handwerkstechniken und dem Gefühl für den Werkstoff können wir Holz relativ leicht bearbeiten, es setzt dem Handwerker keinen großen Widerstand entgegen.

Um selber Möbel und Gebrauchsgegenstände aus Holz anzufertigen, brauchen Sie nicht unbedingt eine perfekt eingerichtete Werkstatt. Ich möchte Ihnen in diesem Buch zeigen, wie Sie mit wenigen Handwerkzeugen und traditionellen Handwerkstechniken schöne und vor allem individuelle Gegenstände aus Holz anfertigen können. Zum Zuschneiden und Hobeln der sägerauen Bretter sind eine Kreissäge und Hobelmaschine notwendig. Diese Arbeiten können Sie leicht von einem Tischlereibetrieb ausführen lassen. Dadurch ersparen Sie sich die Anschaffung teurer Holzbearbeitungsmaschinen, die außerdem in der Werkstatt viel Platz wegnehmen. Für die weitere Bearbeitung ist dann nur mehr gängiges Tischlerwerkzeug, wie z.B. Hobel, Stemmeisen und Handsäge, notwendig.

Individuelle Unikate selbst gemacht

Sicherlich können Sie in einem der unzähligen Möbel-Großflächenanbieter alle nur erdenklichen Holzgegenstände kaufen, und diese meistens sogar billiger als selbst gemacht. Aber bedenken Sie, dass viele der Waren in industrieller Serienproduktion, oft in Billiglohnländern hergestellt werden. Ein individuelles Möbelstück, das Ihre ganz persönliche Handschrift trägt, erhalten Sie nur, wenn Sie selbst Hand anlegen. Nur so können Sie eigene, kreative Ideen und Vorstellungen umsetzen. Probieren Sie einfach auch einmal eine scheinbar verrückte Idee aus, lassen Sie Ihrer Kreativität freien Lauf.

Ein selbst angefertigtes Möbelstück wird immer einen Platz in Ihrer Wohnung haben. Massives Holz und qualitätsvolle Holzverbindungen garantieren eine lange Lebensdauer und hohe Belastbarkeit Ihrer Holzobjekte. Oberflächen können wieder abgeschliffen werden, wenn einmal Kratzer und Dellen entstanden sind. Falls etwas „aus dem Leim" geht, kann das Möbelstück, im Gegensatz zu Spanplattenmöbeln, leicht wieder verleimt werden.

Eine besondere Freude bereitet es auch, mit Kindern und für Kinder zu tischlern. Wer hat nicht selbst als Kind gerne gehämmert, gebohrt und gesägt? Bei einfachen Schleifarbeiten können selbst kleine Kinder schon mithelfen. Das anschließende Bemalen oder Streichen der Stücke gehört dann sowieso in Kinderhand.

Machen Sie doch jemandem mit einem selbst gefertigten Holzobjekt ein ganz besonderes Geschenk. Aus einem Holzrest kann, wenn er fein geschliffen wird, leicht ein angenehmer Handschmeichler werden. Selbst gefertigte Geschenke bereiten immer mehr Freude als die übliche Stangenware. Lassen Sie dabei das Holz sprechen.

Eine sorgfältig angefertigte Holzverbindung ist eine Zierde für jedes Möbelstück

Mit Holz zu arbeiten gehört sicherlich zu den schönsten handwerklichen Tätigkeiten. Der angenehme Geruch, die vielen verschiedenen Holzarten mit ihren unterschiedlichen Farben und Strukturen bieten beinahe unerschöpfliche Gestaltungsmöglichkeiten.

Ich hoffe, Ihnen mit diesem Buch Lust auf das Handwerken mit Holz machen zu können, und wünsche Ihnen dabei viele schöne Stunden in Ihrer Werkstatt.

Individuelle Geschenke aus Holz, selbst angefertigt

Mit Holz arbeiten

- Die Handwerkstatt
- Das Handwerkzeug
- Elektrische Kleinmaschinen
- Die Bearbeitung von Holz
- Die Holzverbindungen
- Der letzte Schliff
- Oberflächenbehandlung und Holzschutz

◆ Die Handwerkstatt

Ein Platz zum Arbeiten und auch zum Wohlfühlen

Für eine Handwerkstatt brauchen Sie weder eine große Halle noch ein eigenes Gebäude. Als Werkstatt kann genauso gut ein Kellerabteil, ein Hobbyraum oder auch eine überdachte Terrasse dienen. Ich habe in Marokko Handwerker in 2 x 2 m kleinen Bretterhütten auf dem Lehmboden sitzen sehen, die dort wunderschöne Schachbretter mit den dazugehörigen Figuren angefertigt haben. Meine erste Werkstatt war in einem ca. 10 m² kleinen Raum untergebracht. An Werkzeug gab es nichts als einen Handhobel, einige Stemmeisen und eine Spannsäge. Hatte ich etwas zu verleimen, musste ich zum nächsten Tischler gehen, um mir Klemmzwingen auszuleihen. Aber ich hatte ausreichend Tageslicht und fühlte mich wohl.

Die Holzwerkstatt soll ein Ort sein, an dem Sie sich wohlfühlen. Wenn Sie mit Widerwillen hingehen, wird Ihnen das Arbeiten dort keinen Spaß machen und nicht gut von der Hand gehen, und somit wird auch das Ergebnis nicht befriedigend ausfallen.

Licht und Wärme

Der Raum soll ausreichend beleuchtet sein, am besten sind große Fenster mit natürlichem Tageslicht, aber auch gute Tageslicht-Neonröhren ergeben eine angenehme Beleuchtung. An den langen, finsteren Winterabenden ergibt sich oft genügend Zeit, um ein Werkstück anzufertigen, deshalb sollte sich eine Handwerkstatt gut beheizen lassen. Ein Holzofen trocknet dabei die Luft nicht so stark aus wie eine Zentralheizung, darüber hinaus können Sie Abfallholz gleich verbrennen. Ein Stromanschluss mit mindestens 220 V ist wichtig, da Sie sicherlich bald über einige elektrische Kleinmaschinen verfügen werden. Ein Waschbecken ist hilfreich beim Schärfen der Werkzeuge.

Ein Holzboden ergibt eine heimelige Atmosphäre

Ich arbeite gerne auf einem Holzboden. Da ist nicht gleich die frische Schneide wieder weg, wenn einmal ein Stemmeisen oder eine Säge runterfallen. Außerdem kann leicht ein fertig geschliffenes Brett umfallen, was bei einem Holzboden meist zu keinem großen Schaden führt.

Es ist auch wesentlich angenehmer, auf einem warmen Holzboden zu arbeiten als auf kaltem Beton oder Pflaster. Falls der Werkraum noch keinen Holzboden hat, können Sie sich leicht mit einer entsprechend großen Holzplatte (Dreischichtplatte) behelfen.

Wichtig für eine Werkstatt

- Sich Wohlfühlen
- Holzboden
- Ausreichend Licht
- Stromanschluss
- Wasser

Mit einem gut geschärften Hobel ringeln sich Hobelspäne zu Locken zusammen

Sie müssen nicht immer das neueste Werkzeug kaufen, oft sind gebrauchte Hobel, Sägen usw. genauso gut

Die Hobelbank sollte den Mittelpunkt in Ihrer Werkstatt bilden, an ihr werden Sie die meiste Zeit verbringen

Eine Handwerkstatt einrichten

Wenn der notwendige Arbeitsplatz gefunden ist und die räumlichen Anforderungen gegeben sind (Stromanschluss usw.), geht es im nächsten Schritt an die Werkstatteinrichtung.

Eine Werkstatt kann mit allen technischen Raffinessen bestückt sein oder aber nur das notwendigste Handwerkzeug beinhalten.

Wichtig ist vor allem, dass Sie mit Ihrem Werkzeug gerne arbeiten, es gerne in die Hand nehmen. Es nützen Ihnen die modernsten und teuersten Maschinen und Geräte nichts, wenn Sie keine Freude bei Ihrem Hobby finden.

Die Hobelbank, der Mittelpunkt Ihrer Handwerkstatt

Zum Arbeiten brauchen Sie als Erstes einen Arbeitstisch, noch besser ist eine gute Hobelbank. Eine Hobelbank bildet den Mittelpunkt in Ihrer Werkstatt. Die Hobelbank lebt sozusagen mit Ihnen mit, sie wird im Laufe der Zeit Schrammen und Kratzer abbekommen. Ausgelaufene Beizen und Lackreste verändern die Farbe, sie setzt eine „Patina" an und wird damit zu Ihrem eigenen, unverwechselbaren Arbeitsgerät.

Mit ihren vielfältigen Möglichkeiten zum Einspannen, mit einer Banklade zum Ablegen von Handwerkzeug und

anderen Gegenständen ist sie ein nahezu unverzichtbarer Teil Ihrer Holzwerkstatt.

Wenn es Ihr Werkraum ermöglicht, stellen Sie die Hobelbank frei im Raum auf, so können Sie eingespannte Werkstücke von allen Seiten bearbeiten.

Eine Hobelbank ist meist aus massivem Buchenholz. Auf der Rückseite befindet sich die Banklade, in der Sie Werkzeuge ablegen können. Die Vorderzange (links) und die Hinterzange (rechts) werden zum Einspannen der Werkstücke verwendet.

Die Bankhaken dienen zum Befestigen von flach aufliegenden Teilen auf der Hobelbank. Der Bankknecht ist eine wichtige Hilfe beim Einspannen langer Teile.

Die Höhe der Hobelbank soll an Ihre Körpergröße angepasst sein. Als Faustregel gilt: Plattenhöhe ist gleich Handgelenkshöhe. Achten Sie darauf, dass die Innenseiten der Vorder- und der Hinterzange immer sauber gehalten werden, da ansonsten durch eingetrocknete Leimreste und andere Verschmutzungen Druckstellen im eingespannten Werkstück entstehen können.

Zum Werken benötigen Sie unterschiedliche Werkzeuge. Achten Sie auf eine gute Qualität, nur so wird das Handwerken auch gut gelingen und Spaß machen

Von Kisten, Kästen und Böcken

Ihr Handwerkzeug, ob neu gekauft oder über Generationen gebraucht, verstauen Sie am besten in einer Werkzeugkiste oder einem Werkzeugkasten. Im Praxisteil dieses Buches werde ich, als eines der ersten Werkstücke, eine Werkzeugkiste anfertigen.

Der Werkzeugkasten soll in Griffweite der Hobelbank stehen, da Sie sonst für jedes benötigte Werkzeug unnötige Schritte zurücklegen müssen. Da nicht immer alle Werkstücke auf der Hobelbank abgelegt werden können, sind Werkstattböcke sehr hilfreich. So können Sie z.B. Bretter auf der Hobelbank abrichten und diese dann auf den Werkstattböcken nach dem Verleimen zum Trocknen liegen lassen. Wenn möglich besorgen oder fertigen Sie sich selbst am besten zwei Paar in verschiedenen Höhen an.

Für Schrauben, Nägel und andere Kleinteile ist ein Regal oder ein schmaler Kasten recht praktisch. Gegenstände verstauben in einem Kasten nicht so schnell wie bei einer offenen Lagerung in der Werkstatt. Zur Aufbewahrung von Kleinmaschinen ist ebenfalls ein Kasten empfehlenswert.

Letztendlich brauchen Sie auf jeden Fall eine Arbeitsfläche, wo Sie Ihre Werkzeuge, Hobelmesser, Stemmeisen usw. schärfen können. Dafür ist eine kleine Arbeitsplatte, an der Sie die Schleif- und Abziehsteine befestigen können, meistens ausreichend. Das beste Schärfergebnis erreichen Sie unter fließendem Wasser, weil dadurch feine Eisenspäne sofort weggespült werden. Richten Sie sich Ihre Schärfstelle deshalb in der Nähe eines Waschbeckens zurecht.

Die wichtigsten Einrichtungsgegenstände einer Handwerkstatt

- Hobelbank oder Arbeitstisch
- Werkzeugkasten oder Werkzeugkiste
- Werkstattböcke, am besten zwei Paar unterschiedlicher Höhe
- Regale bzw. Kästen zum Verstauen von Kleinteilen und Handmaschinen
- Platz zum Werkzeugschärfen

Das Handwerkzeug

Ihr verlängerter Arm, Ihre dritte Hand beim Holzwerken

Eine vollständige Werkstatt einzurichten ist meistens eine kostenintensive Angelegenheit.

Werkzeuge erscheinen auf den ersten Blick teuer, zumal Sie nicht bei der Qualität sparen sollten. Es ist auf alle Fälle sinnvoller, am Anfang weniger Werkzeug zu kaufen, dafür aber qualitätsvolleres. Bedenken Sie auch, dass Sie die meisten Werkzeuge lange Zeit benützen können. Einen Hobel zum Beispiel werden Sie sich nur einmal im Leben kaufen müssen. Das Gleiche gilt auch für die Spannsäge oder den Holzklöpfel. Voraussetzung dafür ist in jedem Fall ein sorgfältiger Umgang und ausreichende Pflege des Werkzeuges.

In einer Holzhandwerkerlaufbahn sammeln sich die verschiedensten Hobel und Werkzeuge an

Aufwändig gefertigte Werkzeuggriffe sind meist nur mehr an altem Werkzeug zu finden

Am Flohmarkt gibt's so manches Schnäppchen

Bevor Sie zum Handwerkermarkt gehen, schauen Sie doch noch im Keller nach, oft findet sich das eine oder andere Werkzeug, das man noch gut benützen kann. Ein Besuch am Flohmarkt kann Ihnen so manches zwar gebrauchte, aber durchaus noch ordentliche Werkzeugschnäppchen bescheren.

Werkzeug – Das Kapital des Handwerkers

Das Handwerkzeug war schon immer das „Kapital" des Handwerkers. Jeder Geselle hatte seinen eigenen vollgefüllten Werkzeugkasten. Mit diesem Werkzeug ist er später auf die „Walz" gegangen. An alten Werkzeugen ist anhand ihrer aufwändigen und oft liebevollen Ausführung zu erkennen, welchen wichtigen Stellenwert das Werkzeug besessen hat. Hobel wurden mit aufwändigen Schnitzereien versehen, Handsägegriffe kunstvoll ausgefertigt.

Gehen Sie einmal in einen Handwerkerfachmarkt und beobachten Sie einen erfahrenen Handwerker beim Kauf eines Werkzeuges. Sie werden sehen, mit welcher Genauigkeit er das Werkzeug prüft, es in der Hand hin und her wendet, manchmal auch die spätere Arbeitsbewegung nachahmt, mit dem Daumen die Schneide und die Qualität des verwendeten Werkzeugstahls überprüft.

Daran sehen Sie, wie wichtig gutes Werkzeug ist. Es muss im wahrsten Sinne des Wortes in der Hand liegen. Natürlich muss auch die Qualität stimmen, Sägen dürfen nicht zu schnell abstumpfen, das Hobelmesser soll seine Schneide lange tragen und Stemmeisen sollen sich gut schärfen lassen.

Gute Qualität lohnt sich immer

Gute Handwerkzeuge sind nicht gerade billig, aber wenn Sie bedenken, dass Sie die meisten Werkzeuge über Jahre und oft noch länger benützen können, lohnt sich diese Anschaffung allemal.

Gutes Werkzeug soll auch sorgfältig aufbewahrt werden

Was Sie am Anfang brauchen

- 1 Putzhobel
- 1 Spannsäge
- 1 großer und 1 kleiner Hammer
- Stemmeisen (8, 12, 16 und 20 mm breit)
- 1 Feinsäge
- 2 Kreuzschlitzschraubendreher unterschiedlicher Größe
- 2 Schlitzschraubendreher unterschiedlicher Größe
- 1 Winkelhaken
- 1 Rollbandmaß oder Gliedermaßstab
- 1 Schrägmaß (Schmiege)
- 1 Streichmaß
- einige Klemmzwingen
- 1 Bohrmaschine und mehrere Holzbohrer

Fangen Sie klein an und kaufen Sie anfangs nur das notwendigste Handwerkzeug. Mit einem guten Handhobel kommen Sie am Beginn Ihrer Handwerkerkarriere völlig aus, es müssen nicht unbedingt vier bis fünf verschiedene Modelle in Ihrem Werkzeugkasten stehen. Auch werden Sie anfangs mit vier verschieden breiten Stemmeisen leicht das Auslangen finden, und wenn Sie erst einmal der „Werkzeugsucht" verfallen sind, wird sich Ihr Werkzeugkasten ohnedies schnell füllen.

Der Handhobel

Das ursprünglichste Tischlerwerkzeug

Der Handhobel ist sicherlich neben der Säge das bekannteste Handwerkzeug des Tischlers. Kaum ein Firmenschild eines Tischlers, das ohne die Abbildung eines Handhobels auskommt. Tatsächlich reicht die Erfindung des Hobels bis weit in vorchristliche Jahrhunderte zurück. Wahrscheinlich bildete sich aus dem ägyptischen „Dechsel" (eine Art Schabgerät zum Glätten von Holz) der uns bekannte Handhobel. Die Römer entwickelten den Hobel weiter, bevor er über römische Besatzer endlich das wald- und holzreiche Germanien erreichte.

Heute haben Holzbearbeitungsmaschinen die Arbeit des Hobels übernommen, Abricht- und Dickenhobelmaschinen, aber auch Kanten- und Bandschleifgeräte erledigen die Arbeit des Hobels in wesentlich kürzerer Zeit. Dennoch erreicht keine dieser Maschinen eine derart feine, seidig glänzende Oberfläche wie ein perfekt geschliffener und eingestellter Putzhobel. Die Werkstücke in diesem Buch sind alle mit dem normalen Handwerkzeug anzufertigen, selbstverständlich gehört dazu auch der Handhobel.

Die Liste der verschiedenen Hobelarten ist lang. Da gibt es z.B. den Faust- oder den Schlichthobel, den Putzhobel, den Falzhobel, den Grundhobel, den Profilhobel, den Simshobel, die Raubank und darüber hinaus noch viele Spezialhobel.

Die gängigsten Hobelarten sind:
- Putzhobel
- Schlichthobel
- Simshobel
- Raubank

Hobel sind über Generationen gleich geblieben

Mit einem Schabhobel können Rundungen bearbeitet werden

Anfangs werden Sie mit einem Schlichthobel für gröbere Hobelarbeiten und mit einem Putzhobel zur Feinbearbeitung des Holzes leicht das Auslangen finden. Recht praktisch, vor allem zum Bearbeiten von geschweiften und gerundeten Teilen, ist ein Schabhobel.

Einen Sims- oder Falzhobel und eine Raubank werden Sie nicht von Anfang an brauchen, diese können Sie sich auch zu einem späteren Zeitpunkt zulegen.

Beim Kauf eines Hobels spielt die Qualität eine entscheidende Rolle. Bedenken Sie, einen guten Hobel kaufen Sie nur einmal im Leben.

Die meisten Hobel sind in etwa gleich aufgebaut und arbeiten nach demselben Prinzip:
- Das Hobelmesser wird im Hobelkasten befestigt und über die zu hobelnde Fläche geführt.
- Es gibt Hobel mit Klappe und Hobel ohne Klappe. Die Klappe „bricht" den abgenommenen Hobelspan und ermöglicht so eine einrissfreie, glatte Holzoberfläche. Die Klappe darf nicht mehr als 1 mm hinter dem Hobelmesser liegen, da sie sonst wirkungslos ist.

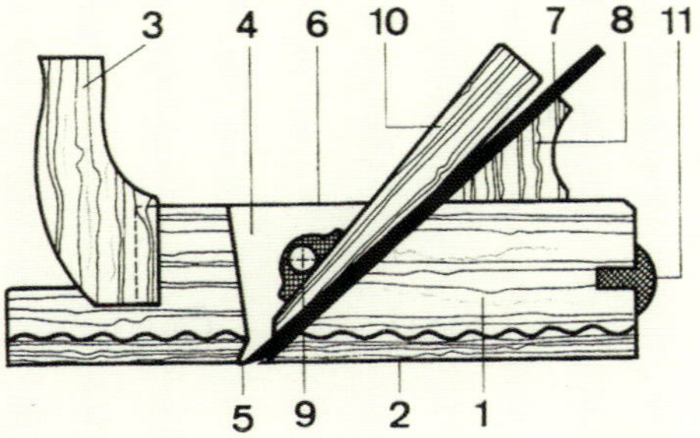

Die Teile eines Hobels:

1 Hobelkasten
2 Hobelsohle
3 Hobelnase
4 Spanloch
5 Hobelmaul
6 Hobelwangen
7 Hobeleisen
8 Handschoner
9 Widerlager
10 Keil
11 Schlagknopf

- Für eine sauber gehobelte Holzoberfläche sind vor allem ein gut geschärftes Hobelmesser und ein perfekt eingestellter Hobel notwendig. Durch leichtes Klopfen auf das Hobeleisen bzw. den Schlagknopf wird das Hobelmesser auf die gewünschte Spanabnahme eingestellt.

Durch Klopfen auf das Hobeleisen oder den Schlagknopf wird der Hobel auf die benötigte Spandickenabnahme eingestellt

Der Putzhobel

Der Putzhobel ist ein handlicher Hobel, das Hobeleisen ist mit einer Klappe ausgeführt. Er wird zum Feinhobeln und Glätten verwendet.

Durch die Klappe und die Einstellschraube kann eine sehr feine, ausrissfreie Holzoberfläche erreicht werden. Der Putzhobel wird beim Holzhandwerken sicherlich am häufigsten verwendet.

Der Schlichthobel

Er besitzt keine Klappe und wird für gröbere Hobelarbeiten verwendet. Das Hobeleisen muss beim Schlichthobel durch leichtes Schlagen auf das Hobeleisen eingestellt werden, er hat keine Einstellschraube. Mit einem Keil wird das Hobelmesser festgehalten. Durch Schläge auf den Schlagknopf kann das Hobelmesser gelockert und zum Schärfen herausgenommen werden.

Der Simshobel

Der Simshobel, auch Falzhobel genannt, ist mit und ohne Klappe erhältlich. Er wird zum Hobeln von Fälzen verwendet. Er ist so wie der Schlichthobel einzustellen.

Die Raubank

Darunter versteht man einen Hobel mit einem besonders langen Hobelkasten und Hobelsohle; dadurch gleicht er Unebenheiten aus und es können Kanten und Flächen völlig plan abgerichtet werden. Die Raubank hat den Schlagknopf zum Lockern des Hobelmessers, anders als der Schlichthobel, auf der Oberseite des Hobelkastens angebracht. Die Raubank war früher auch für Zimmerer ein wichtiges Werkzeug, im Holz und

Putzhobel mit Einstellschraube

Das Abrichten einer Kante mit einer Raubank

Schlichthobel

Falzhobel mit Klappe

Werkzeugmuseum LIGNORAMA ist eine Raubank von ca. 1,5 m Länge, die von zwei Arbeitern geführt werden musste, ausgestellt.

Das Arbeiten mit dem Handhobel

- Stellen Sie sicher, dass das Hobeleisen gut geschärft ist.
- Das Hobelmesser darf nicht zu weit aus dem Hobelkasten ragen. Die Klappe darf nicht weiter als 1 mm hinter dem Hobelmesser liegen.
- Werkstücke immer fest einspannen.
- Nehmen Sie immer nur kleine Späne ab, so verhindern Sie Einrisse in der Holzoberfläche.

Einstellen des Putzhobels mit Hilfe der Einstellschraube

Arbeiten mit dem Falzhobel

Hobel wurden für jeden Zweck angefertigt. Spezialhobel konnten auch in der Breite eingestellt werden

Handsägen

Neben dem Hobel gehört natürlich auch eine Handsäge in jede Holzhandwerkstatt. Ein Tischler ohne Säge ist kaum vorstellbar. Handsägen sind, so wie viele andere Handwerkzeuge, großteils von elektrischen Maschinen abgelöst worden. Für das Herstellen z.B. einer Zinkenverbindung sind Handsägen jedoch weiterhin unverzichtbare Helfer. Auch an Handsägen sieht man bei historischen Modellen anhand der aufwändigen Verarbeitung, welchen Stellenwert das Werkzeug in früheren Jahren hatte. Die Griffe der Sägen wurden kunstvoll ausgearbeitet, heute sind meist nur noch Handsägen mit einheitlichem Kunststoffgriff zu bekommen.

Handsägen werden im Holzhandwerk für Zuschneidearbeiten und zum Ablängen von Brettern, aber auch zum Herstellen von Holzverbindungen verwendet.

Für die verschiedenen Sägearbeiten gibt es unterschiedliche Sägen mit speziellen Sägeblättern und Zahnstellungen.

Für die Wahl der richtigen Säge sind einerseits die Schnittrichtung und andererseits die ausgewählte Holzart ausschlaggebend.

Man unterscheidet zwischen:
- Längsschnitten
- Querschnitten
- Hartholz
- Weichholz

Generell werden für Längsschnitte und Weichholz Sägeblätter mit weniger und gröberen Zähnen, für Querschnitte und Hartholz Sägeblätter mit mehr und feineren Zähnen verwendet.
Es werden zwei Sägentypen eingesetzt:
- Spannsägen (= Gestellsäge)
- Ungespannte Sägen (Fuchsschwanz, Feinsäge u.a.), sogenannte Rückensägen.

Mit der Handsäge arbeitet man normalerweise „auf Stoß“, d.h. bei der vom Körper weg führenden Bewegung (Stoß) wird das Holz zerteilt. Ausnahmen bilden hier nur die Furniersäge und die immer mehr in Mode kommenden Japanischen Sägen, diese arbeiten nach dem umgekehrten Prinzip, „auf Zug“.

Mehrere Handsägen, auch Gestellsägen genannt. Je nach Schnitt – Längs- oder Querschnitt – werden verschieden gezahnte Sägeblätter verwendet

Die Spannung des Sägeblattes wird mit einer Schnur eingestellt

Die Spannsäge (Gestellsäge)

Sie ist die klassische Tischlersäge. In ein Holzgestell wird ein Sägeblatt eingespannt, das durch eine Spannvorrichtung (Schnur) auf der Oberseite in die notwendige Spannung gebracht wird.

Die Gestellsäge kann je nach Sägeblatt für die unterschiedlichsten Sägearbeiten verwendet werden. In der Hauptsache kommt sie bei der Herstellung von Holzverbindungen zum Einsatz.

Fuchsschwanz und Feinsäge

Beide sind ungespannte Sägen. Mit diesen werden vor allem Holzverbindungen hergestellt.

Fuchsschwanz, Stichsäge und historische Rückensäge

Das Arbeiten mit der Handsäge

- Wählen Sie die richtige Säge für den ausgewählten Werkstoff und die Schnittrichtung.
- Spannen Sie die Werkstücke immer mit den Zangen der Hobelbank oder mit Klemmzwingen ein, so können Sie sich ausschließlich auf das Sägen konzentrieren.
- Die Säge vorsichtig an der zu schneidenden Stelle ansetzen und anfangs nur auf Zug arbeiten, bis eine kleine Kerbe entstanden ist, die dem Sägeblatt eine Führung gibt. Jetzt können Sie „auf Stoß“ weiterarbeiten.

Anfangs wird die Säge auf Zug geführt

- Legen Sie anfangs den Daumen der linken (bei Linkshändern den der rechten) Hand auf das Sägeblatt, so geben Sie der Säge eine zusätzliche Führung und verhindern, dass die Säge aus der Schnittkerbe springt.

Der Daumen liegt zur Sicherung auf dem Sägeblatt, somit kann es nicht aus der Schnittkerbe springen und Verletzungen verursachen

- Zum Schnittende hin sollen die Sägestöße nur mehr leicht ausgeführt werden, da ansonsten das letzte Stück Holz ausreißen kann. Das ist besonders bei Querschnitten zu beachten.
- Kontrollieren Sie das zu schneidende Holz auf Verunreinigungen, eingewachsene Nägel usw., da sonst die Schneide des Sägeblattes schnell verloren geht.
- Schützen Sie die Sägeblätter beim Transport der Säge und lockern Sie die Spannung an der Gestellsäge, wenn Sie diese für längere Zeit nicht benützen.

Stemmeisen und Lochbeitel

Stemmeisen werden zum Ausstemmen von Zapfenlöchern, zum Einlassen von Bändern und Beschlägen und generell zur Herstellung von Holzverbindungen verwendet. Auch bei Stemmeisen ist es sinnvoll, auf gute Qualität Wert zu legen, da bei billigen Modellen meist nur minderer Werkzeugstahl verwendet wird. Dadurch hat die Schneide keine lange „Standzeit“, das heißt das Stemmeisen wird schnell stumpf.

Das Ende des Stemmeisens bildet der Schlagknopf, er ist aus Holz und wird von einer Zwinge (Metallhülse) eingefasst. Verwenden Sie bei der Arbeit mit dem Stemmeisen immer einen Holzknüpfel anstelle eines Hammers, er ist wesentlich weicher als ein Metallhammer, schont dadurch das Stemmeisen und verlängert die Lebenszeit eines Stemmeisens wesentlich. Die Anschaffung eines Holzknüpfels erscheint auf den ersten Blick nicht unbedingt notwendig, aber bedenken Sie, dass ein Holzknüpfel nicht einmal so viel kostet

Mit dem Holzknüpfel wird das Werkzeug geschont

Die Klinge des Lochbeitels ist höher als breit

wie ein einziges Stemmeisen und Sie die Dauerhaftigkeit Ihrer Werkzeuge damit wesentlich verlängern.

Stemmeisen

Zum Ausstemmen von Zapfenlöchern und allgemein zur Herstellung von Holzverbindungen werden Stemmeisen in unterschiedlichen Größen verwendet.

Als Grundsortiment empfehlen sich folgende Größen:

- 8 mm
- 12 mm
- 16 mm und
- 20 mm breit.

Mit einem Satz von 4-5 Stemmeisen finden Sie anfangs leicht das Auslangen

Im Laufe der Zeit wird sich Ihre Stemmeisensammlung sicherlich noch vergrößern, aber vorerst finden Sie mit diesen vier Größen sicherlich das Auslangen.

Lochbeitel

Sie sind gleich aufgebaut wie Stemmeisen, nur etwas robuster ausgeführt. Die Klinge ist oft dicker als breit.

Zwei Hohleisen in verschiedenen Größen

Hohleisen

Sie gleichen Stemmeisen, haben jedoch eine hohle Klinge. Mit dem Hohleisen werden Profile nachgestochen. Es kann außerdem für einfache Schnitzarbeiten verwendet werden.

Das Stemmeisen wird immer so eingesetzt, dass der Schnitt vom Körper weg führt

Arbeitsweisen mit Stemmeisen

- Verwenden Sie nur gut geschärftes Werkzeug.
- Führen Sie die Schnittbewegung immer vom Körper weg aus.
- Achten Sie auf den Faserverlauf des Holzes. Gegen die Faser kann es leicht einreißen.

Werkzeuge zum Messen und Anreißen

Maßstab, Winkel und Streichmaß

Lieber zweimal messen als einmal zu kurz abschneiden. Schon diese gebräuchliche Redewendung zeigt, wie wichtig richtiges Messen und Anreißen ist. Genaues Messen ist die Grundvoraussetzung für eine saubere und genaue Arbeit. Neben dem Messen ist für den Tischler und Holzhandwerker der rechte Winkel von großer Bedeutung. Um ein genaues Messergebnis zu erreichen, bedarf es präziser Messwerkzeuge. Der **Gliedermaßstab** mag zwar nicht gerade ein Hightech-Gerät sein, aber er leistet mir in der Werkstatt immer noch treue Dienste. Meist ist er aus Holz gefertigt, neuere Modelle sind aus Kunststoff, und er ist in 1- bzw. 2-Meter-Ausführungen erhältlich.
Das **Rollbandmaß** hat mittlerweile

Gliedermaßstäbe sind meistens Werbegeschenke mit Firmenaufdruck, trotzdem gehört in jede Holzwerkstatt ein Maßstab (Meterstab)

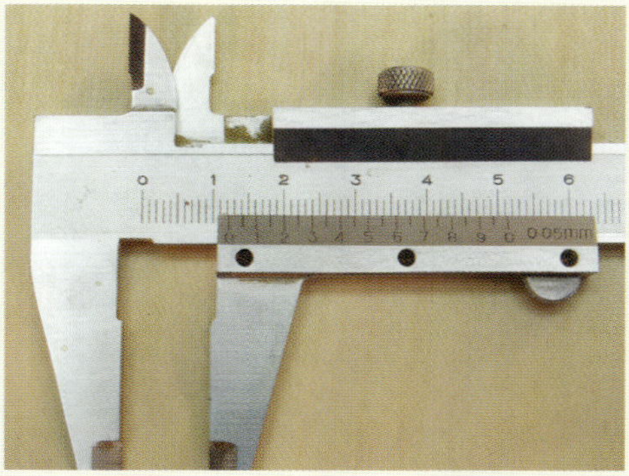

Am „Nonius“ der Schiebelehre lässt sich das Messergebnis auf 1/20 mm genau ablesen

die Aufgaben des Gliedermaßstabes übernommen. Achten Sie darauf, dass die Metallzunge beweglich bleibt, da es ansonsten zu ungenauen Messergebnissen kommen kann. Die genauesten Messergebnisse liefert die **Schiebelehre**. Damit können Dicken, Tiefen und die lichte Breite (z.B. einer Bohrung) gemessen werden. Der „Nonius“ (Messskala) zeigt dabei das Messergebnis auf 1/20 mm genau an.

Neben diesen Messwerkzeugen gibt es im Holzhandwerk eine Reihe von Werkzeugen zum Anreißen. An erster Stelle steht dabei sicherlich der **Winkelhaken**. Mit dem Winkelhaken wird die Rechtwinkeligkeit der Werkstücke kontrolliert und es werden Risse auf gegenüberliegende Kanten und Flächen übertragen.

Um Schrägen, die nicht im 90°-Winkel sind, von Werkstücken abnehmen und übertragen zu können, verwendet man das **Schrägmaß (Schmiege)**. Die bewegliche „Zunge“ kann dabei mit einer Feststellschraube arretiert werden. Mit der Schmiege kann jeder beliebige Winkel eingestellt werden.

Zum Anreißen einer Einstellung auf mehrere Teile verwendet man das **Streichmaß.**

Es besteht vereinfacht gesagt aus einem Holzklotz, durch den zwei bewegliche Stäbe geführt werden. Diese lassen sich mit einer Schraube feststellen. Am oberen Ende ist jeweils ein Metallstift eingesetzt, mit dem die Einstellung auf das Holz übertragen (angerissen) wird.

Das Streichmaß wird hauptsächlich zum Anreißen von Holzverbindungen verwendet.

Winkel in verschiedenen Größen

Mit dem Streichmaß können mit einer Einstellung mehrere Teile angerissen werden

Verschiedene Messwerkzeuge, Winkel, Rollbandmaß, Schiebelehre, Meterstab und Bleistift

Außerdem benötigen Sie auch noch einen hoffentlich stets gespitzten **Bleistift**.

Hämmer

Ob Sie einen Nagel einschlagen wollen oder das Hobelmesser richtig zu positionieren ist, in beiden Fällen benötigen Sie einen Hammer. So selbstverständlich es ist, einen Hammer in der Werkstatt zu haben, so unverzichtbar sind sie. Das Angebot an verschiedenen Hämmern ist recht vielfältig. Zum Handwerken mit Holz reichen aber meistens ein **Schlosserhammer** mit ca. 300-500 g und ein **Tischlerhammer** mit ca. 100-200 g Gewicht vollkommen aus. Der breite Teil wird in der Fachsprache Breitbahn, der schmale, flache Teil Finne genannt. Beide Hämmer werden vor allem zum Einschlagen von Nägeln verwendet.

Zusätzlich benötigen Sie zum Handwerken mit Holz einen Gummihammer zum schonenden Zusammenklopfen von Holzverbindungen und einen **Holz-**

Verschiedene Hämmer

knüpfel für Arbeiten mit dem Stemmeisen.

Wo Nägel eingeschlagen werden, müssen diese manchmal auch wieder herausgezogen werden, dazu ist eine **Beißzange** notwendig. Beißzangen gibt es in fast jeder Form und Größe im Fachhandel zu kaufen.

Tipps und Tricks im Umgang mit Hammer und Beißzange

- Halten Sie den Hammer am Stielende fest, so können Sie satte, schwungvolle Schläge ausführen
- Um beim Einschlagen eines Nagels das Zersplittern des Holzes zu vermeiden, klopfen Sie leicht auf die Spitze des Nagels.

- Sehr kleine Nägel können mit einem Papier oder Kartonstreifen als Halterung fixiert werden.

- Legen Sie beim Herausziehen umgebogener Nägel einen Furnierstreifen zwischen Beißzange und Holzoberfläche. Dadurch wird die Oberfläche geschont und es können keine Dellen entstehen.

- Falls Sie einmal mit dem Hammer abprallen und eine Druckstelle ins Holz gebracht haben, können Sie die Stelle mit etwas Wasser wieder aufquellen lassen. Nach dem Trocknen wird die schadhafte Stelle plangeschliffen. Mit etwas Glück ist anschließend von dem Missgeschick nichts mehr zu sehen.

Allerlei nützliche Kleinwerkzeuge

Es sind nicht nur die großen und bekannten Werkzeuge, die das Arbeiten in einer Holzwerkstatt erleichtern. Daneben gibt es eine Vielzahl von kleinen Helfern, die aber mit der Zeit unverzichtbar werden. Oft sind es selbst gefertigte „Erfindungen“, die es in keinem Geschäft zu kaufen gibt und trotzdem, oder vielleicht gerade deshalb, das Handwerken erleichtern.

Klemmzwingen

Verwendet man, um einzelne Teile miteinander zu verspannen, etwa bei der Verleimung von Holzverbindungen. Zwingen gibt es in unterschiedlichen Längen und für spezielle Zwecke, z.B. Gehrungszwingen oder Verleimzwingen zum Verleimen großer Holzplatten. Manchmal kann anstelle einer Zwinge auch ein einfacher Spanngurt verwendet werden.

In einer Werkstatt, in der gearbeitet wird, ist nicht immer feinsäuberlich aufgeräumt

Schneidelade

Wird als Anschlag und Führung beim Schneiden von Gehrungen und zum Ablängen von Leisten verwendet.

Schraubenzieher

Sind in verschiedenen Ausführungen und Größen erhältlich. Es gibt sie mit unterschiedlichen Griffformen und aus verschiedenen Materialien. Es wird zwischen Schlitz- und Kreuzschlitzschraubenziehern unterschieden. Relativ neu auf dem Markt sind sogenannte „Torx“, den Imbusschlüsseln ähnliche Sechskantschraubenzieher. Schraubenzieher werden nur mehr selten verwendet, diese Arbeiten werden meistens mit Akkuschraubern ausgeführt.

Raspeln und Feilen

Zum Glätten von Rundungen und zum Bearbeiten von Kanten werden Raspeln und Feilen verwendet. Die sogenannte Schlichtfeile, eine schwere Feile mit feinem Hieb (ähnlich wie die Körnung beim Schleifpapier) wird zum Abrichten von aufgeleimten Furnierkanten verwendet.

Ziehklinge

Anstelle von Schleifpapier kann eine Ziehklinge zum Glätten von Holzoberflächen verwendet werden. Eine Ziehklinge ist eine biegsame Metallplatte, auf dessen Kanten ein scharfer Grat aufgefeilt wird. Die Ziehklinge wird leicht schräg gehalten und über die zu behandelnde Fläche gezogen, dabei werden hauchdünne Holzspäne abgenommen und die Fläche geglättet.

Schleifklotz

Der Schleifklotz ist aus Kork mit einer Filzauflage, über die das Schleifpapier gespannt wird. Der Schleifklotz bietet eine ebene Auflagefläche. Es können damit Kanten und Flächen geschliffen werden.

Zangen

Der Fachhandel stellt eine große Auswahl an verschiedenen Zangen bereit. Für den Anfang reichen eine Beißzange und eine Kombizange aus.

Das sind nur einige Kleinwerkzeuge in loser Reihenfolge aufgezählt, neben diesen gibt es noch eine Vielzahl kleiner Helfer für die Werkstatt.

Das Schärfen der Handwerkzeuge

Verunreinigungen, Staub, Schmutz, eingewachsene Nägel und vor allem die mechanische Abnützung der Werkzeugschneide beim Bearbeiten von Holz lassen die Schneide mehr oder weniger schnell abstumpfen.

Neu gekaufte Werkzeuge sind außerdem meistens recht unzureichend vorgeschärft. Eine wirklich gute Arbeit ist aber nur mit einwandfrei geschärftem Werkzeug zu erreichen. Darum soll in jeder Holzwerkstatt ein Platz zum Schärfen der Werkzeuge vorhanden sein. Eine feste Arbeitsfläche in der Nähe eines Waschbeckens ist dafür ausreichend. Neben einer Schleifmaschine brauchen Sie Schleifsteine mit verschiedenen Körnungen (grob, mittel, fein). Befestigen Sie diese mit kleinen Leisten an der Arbeitsfläche, damit sie nicht verrutschen können. Feinschleifarbeiten werden oft unter fließendem Wasser ausgeführt, dabei werden abgeschliffene Metallteile sofort weggespült. Nur so können rasiermesserscharfe Werkzeugschneiden hergestellt werden.

Die Kunst des Schärfens

Werkzeugschleifen wird oft als hohe Kunst angesehen und mit großem handwerklichem Geschick und Genauigkeit in Verbindung gebracht. Ganz so schlimm ist es dann allerdings auch wieder nicht. Gehen Sie beim Werkzeugschleifen immer langsam und mit Bedacht vor! Bedenken Sie: Wenn ein Stemmeisen oder Hobelmesser „verschliffen" wird, dauert es recht lange, bis Sie den Fehler wieder ausmerzen können. Darüber hinaus geht viel Material (Werkzeugstahl) verloren und Sie müssen bald wieder neue Werkzeuge kaufen.

Natürlich gibt es vieles, das zu bedenken ist; einige Handwerkzeuge sind leichter, andere schwieriger zu schärfen. Stemmeisen und Hobelmesser werden bald kein Problem mehr darstellen. Ein Handsägeblatt zu schränken (durch den „Schrank" wird die Schnittfuge etwas breiter als die Sägeblattdicke) und anschließend zu schärfen stellt schon eine wesentlich größere Herausforderung dar. Wenn Sie noch nicht über die nötige Übung und Erfahrung verfügen, ist es oft besser, das Werkzeug zu einem professionellen Schärfdienst zu geben. Kreissägeblätter, Fräser und die Streifenhobelmesser der Abricht- und Dickenhobelmaschine sind meist aus Hartmetall und können ohnedies nur vom Schärfdienst geschärft werden.

Was Sie brauchen

- **Wasseranschluss/Waschbecken:** Beim Schleifen von Handwerkzeug verwendet man Wasser (selten Schleiföl) als Gleit- und Kühlmittel.
- **Schleifmaschine:** Diese Geräte sind mittlerweile in Handwerkerfachgeschäften recht günstig zu bekommen. Zu empfehlen ist eine kombinierte Schleifmaschine. Diese hat eine schnelllaufende Trockenschleifscheibe, mit der Sie außer Werkzeug auch noch andere Gegenstände aus Metall schleifen können, und eine langsamlaufende Nass- bzw. Wasserschleifscheibe. Diese ist ideal zum Schleifen von Stemmeisen und Hobelmessern. Achten Sie beim Kauf darauf, dass die Schleifmaschine einen stabilen Führungsanschlag hat, er erleichtert das rechtwinkelige Schärfen Ihrer Werkzeuge.
- **Abziehsteine:** Anfangs reichen grob, mittel und fein gekörnte Wasserabziehsteine aus. Erst im Laufe der Zeit werden Sie verschiedene Formen und etwa auch Ölabziehsteine benötigen.

Und so wird's gemacht:

1. Mit der Schleifmaschine wird auf das zu schärfende Werkzeug eine Fase im sogenannten Keilwinkel (meistens ca. 25 °) angeschliffen. Dabei erleichtert Ihnen eine werkseitig angebrachte Führungseinrichtung diese Arbeit wesentlich. Achten Sie darauf, die Werkzeugschneide rechtwinkelig zu schleifen. Bei Trockenschleifscheiben besteht überdies die Gefahr, den Werkzeugstahl zu verbrennen (die Werkzeugspitze wird blau). Verbrannter Werkzeugstahl ist sehr weich und das Werkzeug verliert schnell die Schneide.

2. Nach dem Schleifen wird die Fase an den verschiedenen Schleifsteinen (grob, mittel, fein) geglättet. Beginnen Sie mit dem groben Schleifstein. An diesem darf nur die Fase geglättet werden. An den feinen Schleifsteinen wird anschließend das Eisen abwechselnd mit der Fasenseite und der Spiegelseite (Rückseite) über den Abziehstein gezo-

Der feine Metallgrat wird auf dem Abziehstein weggeschliffen

gen. Es entsteht ein Grat, der mit Fortdauer der Schleifarbeit feiner wird und schließlich ganz abreißt. Je nach Körnung des verwendeten Abziehsteines kann die Werkzeugschneide die Schärfe einer Rasierklinge noch übertreffen.

3. Achten Sie beim Abziehen am Abziehstein auf genügend Wasserzufuhr, damit werden die von der Werkzeugschneide abreißenden Metallspäne wegschwemmt und somit kann eine wesentlich feinere Schneide hergestellt werden. Befestigen Sie die Schleifsteine auf einer mobilen Arbeitsplatte, die auf einem Waschbecken bzw. unter einem Wasserhahn angebracht werden kann.

Mit gut geschärftem Werkzeug zu arbeiten ist eine Freude, feinste, hauchdünne Hobelspäne, das leicht zischende Geräusch eines gut laufenden Hobels oder ein Stemmeisen, das mühelos in das Holz dringt, sind Genugtuung und Befriedigung für jeden Handwerker. Hingegen ist es eine Qual, mit stumpfem Werkzeug arbeiten zu müssen. Der Hobel läuft nicht, die Hobelspäne sind kurz und verstopfen das Hobelmaul. Die Fläche ist rau und ausgerissen. Ein solches Ergebnis ist für Handwerker nicht zufriedenstellend.

Um Werkzeuge gut zu schärfen sind vor allem Übung und viel Erfahrung notwendig, die Sie am besten in der Praxis erreichen. Schauen Sie doch einfach einmal einem erfahrenen Handwerksmeister beim Schärfen seiner Handwerkzeuge über die Schulter!

Für alle, die über dieses Thema mehr wissen wollen und ihr Geschick noch verfeinern wollen, bieten sich diverse Kurse an. Der Werkzeugfachhandel kann Ihnen über Angebote in Ihrer Nähe Auskunft geben.

◆ Elektrische Kleinmaschinen

Praktische Helfer in jeder Holzwerkstatt

Wer in seiner Werkstatt nicht ausreichend Platz zur Verfügung hat oder nur gelegentlich ein Werkstück anfertigen möchte, wird sich nicht unbedingt große Holzbearbeitungsmaschinen anschaffen. Für diejenigen stellen elektrische Handwerkzeuge durchaus eine gute Alternative dar. Kleinmaschinen gibt es mittlerweile in allen Preis- und Qualitätslagen. Bedenken Sie aber, dass Sparen am Preis auch Sparen bei der Qualität bedeutet.

linke Seite: Diverse Kleinmaschinen: Oberfräse, Stichsäge usw.

Elektrischen Strom gibt es seit ca. 150 Jahren, bis dahin wurden selbstverständlich auch alle Tischlerarbeiten nur mit Handwerkzeug und ohne elektrisches Licht ausgeführt. Ein Blick in so manches Kunsthandwerksmuseum, Schloss oder Kloster zeigt uns trotzdem enorme handwerkliche Meisterleistungen. Prächtige Barockschränke mit kunstvollen Einlegearbeiten oder grazile Sitzmöbel und überschwängliche Schnitzarbeiten wurden alle ohne elektrisch betriebene Maschinen und nur von Hand angefertigt.

Obwohl bei unseren Werkstücken die handwerkliche Arbeit im Vordergrund stehen soll, müssen wir nicht auf die Erleichterungen von elektrischen Holzbearbeitungswerkzeugen verzichten.

Das Angebot an Kleinmaschinen ist schier unüberschaubar, die Regale in den Baumärkten sind gefüllt mit allen erdenklichen Maschinen. Zum Handwerken mit Holz sind aber nur wenige Kleinmaschinen wirklich hilfreich und lohnen die Anschaffung.

Kleinmaschinen zur Holzbearbeitung

- Stichsäge
- Elektrischer Handhobel
- Oberfräse
- Bohrmaschine und Akkuschrauber
- Handkreissäge
- Schwingschleifer

Besonders beim Schneiden enger Rundungen muss die Schnittgeschwindigkeit verringert werden

Die Stichsäge

Sie wird zum Ausschneiden von geschwungenen Teilen verwendet. Man kann aber auch gerade Schnitte ausführen oder Bretter ablängen. Stichsägeblätter sind leicht zu wechseln und für unterschiedliche Werkstoffe in verschiedenen Zahnteilungen erhältlich.

Sägeblätter:

- Grobe Zahnteilung für Längsschnitte in Massivholz.
- Mittlere Zahnteilung für Querschnitte in Massivholz und für Plattenwerkstoffe.
- Feine Zahnteilung für geschwungene Schnitte.
- Spezielle Blätter für Schnitte in Eisen und Aluminium.

Die genaue Bezeichnung „Pendelhubstichsäge“ gibt Auskunft über die Arbeitsweise der Stichsäge. Das Sägeblatt wird vom Motor durch eine Exzenterscheibe in Auf- und Abwärtsbewegungen gebracht, ähnlich wie die Vor- und Rückwärtsbewegung beim Schneiden mit einer Handsäge.

Arbeitsweise

- Spannen Sie die Werkstücke immer fest ein, so können Sie sich ganz auf das Schneiden konzentrieren.
- Greifen Sie nicht unter das zu schneidende Teil.
- Achten Sie besonders bei geschwungenen Schneidearbeiten auf die richtige Vorschubgeschwindigkeit.

Der elektrische Handhobel

Er wird zum Hobeln von Flächen und Kanten verwendet. Wenn man den Handhobel in eine dafür vorgesehene Vorrichtung spannt, kann er auch als kleine Abrichthobelmaschine verwendet werden. Mit einem Einstellrad wird die Dicke der Spanabnahme eingestellt. Beim elektrischen Handhobel werden in eine Messerwelle austauschbare Hobelmesser eingespannt. Mit Hilfe eines Motors wird diese Welle auf hohe Touren gebracht und über das Werkstück gezogen. Dabei entsteht eine ebene und glatte Fläche.

Arbeitsweise

- Werkstücke immer fest einspannen, niemals freihändig hobeln.
- Maschine erst absetzen, wenn die Messerwelle zum Stillstand gekommen ist.
- Mit geringer Spanabnahme beginnen.
- Bei Messerwechsel immer Netzstecker ziehen.

Die Oberfräse

Sie ist zweifelsfrei die am vielseitigsten einsetzbare Kleinmaschine. Mit der Oberfräse können Profile gefräst, Nuten gezogen, Fälze und Grate eingefräst werden. Durch auswechselbare Fräswerkzeuge sind beinahe unendlich viele Einsatzmöglichkeiten gegeben. Die Handoberfräse kann außerdem in eine Vorrichtung eingespannt werden und ist dann als stationäre Tischfräse zu gebrauchen. Wegen der vielen Verwendungsmöglichkeiten soll eine Handoberfräse in keiner Holzhandwerkstatt fehlen. Im Unterschied zur Tischfräse wird bei der Handoberfräse das Fräswerkzeug zum Holz und nicht umgekehrt geführt. Die Frästiefe kann mittels Tiefenanschlag eingestellt werden.

Arbeitsweise

- Werkseitige Schutzvorrichtungen niemals verändern oder abmontieren.
- Beim Wechseln der Fräswerkzeuge immer den Netzstecker ziehen.
- Nur gut schneidende Fräser verwenden.
- Fräsrichtung bedenken. Das Fräswerkzeug muss sich zum Anschlag hin drehen, sonst können Sie den Fräsvorgang nicht kontrollieren.
- Fräswerkzeug möglichst bis auf den Arbeitsbereich des Fräsers abdecken.
- Nur geringe Frästiefen wählen. Notfalls ein zweites Mal fräsen.
- Auf den Faserverlauf des Holzes achten.
- Gehörschutz, Schutzbrille und die richtige Arbeitskleidung tragen.

Handoberfräse mit auswechselbarem Fräsersortiment

Mit der Oberfräse können auch Profile problemlos gefräst werden

Bohrmaschine und Akkuschrauber

Die Bohrmaschine ist zum Bohren von Löchern in Holz, Mauerwerk und Metall geeignet. In das verstellbare „Bohrfutter“ können Bohrer unterschiedlicher Größe eingespannt werden. Zum Bohren in Beton und Mauerwerk benötigen Sie eine Bohrmaschine mit Schlagbohreinrichtung und dafür geeignete Bohrer. Für Bohrarbeiten in Stein (z.B. Granit) werden sogenannte Bohrhämmer verwendet. Die meisten Bohrmaschinen sind mit Rechts- und Linkslauf ausgestattet. Mit einer Vorrichtung, in die die Bohrmaschine eingespannt wird (Bohrständer) können Sie die Bohrmaschine in eine Ständerbohrmaschine umwandeln. Damit lassen sich Löcher rechtwinkelig in das Holz bohren, das ist vor allem beim Bohren von Dübellöchern sehr hilfreich.

Zum Eindrehen von Schrauben wird meistens der Akkuschrauber verwendet. Er ist handlicher als die Bohrmaschine und wird mit wiederaufladbaren Batterien (Akku) betrieben. Der Akkuschrauber funktioniert im Wesentlichen gleich wie die Bohrmaschine. Die meisten Geräte verfügen darüber hinaus über zwei Laufgeschwindigkeiten.

Mit Hilfe eines Bohrständers können Löcher winkelig gebohrt werden

Holzspiralbohrer und Forstnerbohrer

Bohrer

Für unterschiedliche Materialien müssen verschiedene Bohrer verwendet werden.

- Spiralbohrer: für Holz und Metall.
- Spiralbohrer mit Zentrierspitze: für Holz; mit der Zentrierspitze kann die genaue Position des Bohrloches festgelegt werden.
- Forstnerbohrer: Diese gibt es für Bohrungen mit größerem Durchmesser bis ca. 50 mm, z.B. zum Einbohren von Grifflöchern.
- Mauerbohrer: Sie haben eine speziell bestückte Spitze, die Beton und Stein standhält.
- Ausreiber/Krauskopf: Mit dem Ausreiber werden Bohrlöcher erweitert, damit eingedrehte Schrauben nicht über die Holzoberfläche vorstehen.

Die Handkreissäge

Handkreissägen werden in erster Linie zum Ablängen von Massivholz verwendet, man kann damit aber auch, mit den jeweils dafür vorgesehenen Sägeblättern, Längsschnitte bzw. Plattenzuschnitte ausführen. Das Sägeblatt kann in der Höhe verstellt werden und der Sägetisch lässt sich für Schrägschnitte stufenlos schwenken.

Arbeitsweise und Arbeitsregeln

- Auf eine geeignete und sichere Werkstückauflage achten.
- Die nötige Schnitttiefe genau einstellen (Brett-/Plattendicke + 10 mm).
- Werkseitige Schutzvorrichtungen nicht verändern oder abmontieren und in Stand halten. Der bewegliche Sägeblattschutz muss sich nach dem Schneiden automatisch über das Sägeblatt schieben.
- Spaltkeil verwenden.
- Beim Durchschneiden eines Brettes auf das Klemmen achten (Rückschlaggefahr).

Der Schwingschleifer

Der Schwingschleifer wird auch „Rutscher“ genannt, weil man beim Schleifen damit förmlich über die Holzoberfläche rutscht. In den Schwingschleifer können Schleifpapiere in unterschiedlicher Körnung eingespannt werden. Bei einigen Modellen wird das Schleifpapier mittels Klettverschluss an der Schleifplatte festgehalten. Es gibt im Fachhandel verschiedene Formen von Schwingschleifern, je nach Verwendungszweck.

Die kreisförmige Bewegung der Schleifplatte hinterlässt auf der Holzoberfläche ebenfalls kreisförmige, feine Kratzer, die am besten mit Schleifpapier und Schleifklotz händisch weggeschliffen werden.

Zum Schleifen von innen liegenden Ecken (Schubladen) und schmalen Kanten ist ein **Dreieck- oder Deltaschleifer** sehr praktisch.

Schutzbrille und Gehörschutz gehören in jeden Maschinenraum

Sicherheitsmaßnahmen und Unfallverhütung beim Umgang mit Kleinmaschinen

Um Unfälle und Verletzungen zu vermeiden, müssen werkseitig vorgesehene Schutzvorrichtungen auf alle Fälle verwendet und in einwandfreiem Zustand gehalten werden. Überprüfen Sie vor der Inbetriebnahme von Kleinmaschinen die Funktion der Schutzvorrichtungen. Achten Sie auf eine richtige, enganliegende Arbeitskleidung. Besonders bei der Verwendung der Bohrmaschine kann sich weite Kleidung leicht im Bohrer oder im Bohrfutter verfangen. Beim Schneiden mit Stichsäge und Handkreissäge darf keinesfalls unter die Schnittfläche gegriffen werden. Spannen Sie Werkstücke, die bearbeitet werden müssen, immer in die Hobelbank ein bzw. mit Klemmzwingen fest. Dadurch haben Sie beide Hände frei und können sich ausschließlich auf den Arbeitsgang konzentrieren.

- Schutzvorrichtungen verwenden.
- Werkstücke immer einspannen.
- Nicht unter die Schnittfläche greifen.
- Geeignete Arbeitskleidung tragen.
- Schutzbrille und Gehörschutz verwenden.

◆ Die Bearbeitung von Holz

Eine der ältesten kulturgeschichtlichen Tätigkeiten des Menschen

Holz zu bearbeiten ist eine der ältesten Tätigkeiten des Menschen. Früh entdeckte der Mensch das recht leicht zu bearbeitende Holz. Es gab zwar noch keine geeigneten Werkzeuge und natürlich auch kein Sägewerk, das Bretter in der gewünschten Größe lieferte, aber für einfache Sitzgelegenheiten oder für Stiele und Griffe von Werkzeugen wurde Holz seit Anbeginn der Menschheitsgeschichte verwendet.

Das Arbeiten mit dem Werkstoff Holz spielt seit Jahrtausenden eine wesentliche Rolle in der Entwicklung der Menschheit. Älteste Zeugnisse dieser „Holzkultur" sind z.B. der historische Fund einer etwa 5.000 Jahre alten Holztreppe im oberösterreichischen Hallstatt oder auch Funde in ägyptischen Pharaonengräbern. Berühmtheit erlangte etwa der Thron des Tutanchamun. Die kunstvolle, mit Gold, Silber und Edelsteinen verzierte Tischlerarbeit ist fast 3.500 Jahre alt!

Auch in jüngerer Vergangenheit gibt es beeindruckende Zeugnisse ausgeprägter Holzhandwerkskunst. Mächtige barocke Hallenschränke lassen uns ebenso staunen wie winzige Miniaturintarsienarbeiten an italienischen Renaissancemöbeln.

Diese Möbel wurden alle in massivem Holz und von Hand angefertigt. Eine Vereinfachung brachte erst die industrielle Revolution in der Mitte des 19. Jahrhunderts, ab diesem Zeitpunkt wurden Maschinen entwickelt, die die Handarbeit erleichterten. Mit der Erfindung der Pressspanplatte wurden Handwerkstechniken immer mehr in den Hintergrund gedrängt. Ganz vergessen wurden handwerkliche Traditionen und Fähigkeiten freilich nie. In industriellen Nischen und bei komplizierten Sonderanfertigungen sind das fundierte Wissen und die jahrelange Erfahrung von talentierten Tischlermeistern nach wie vor gefragt.

Die Erfindung und anschließende serienreife Entwicklung von computergesteuerten (CNC) Holzbearbeitungsmaschinen stellte in der Mitte des 20. Jahrhunderts das traditionelle Tischlerhandwerk noch einmal auf eine schwere Probe.

Mittlerweile besinnen sich viele, vor allem Kleinbetriebe, wieder auf die Stärke des lebendigen Werkstoffes Holz und fertigen daraus individuelle und maßgeschneiderte Möbel und Einrichtungsgegenstände. Dass hier Pressspanplatte, Resopal und Kunstharzlacke keinen Platz mehr haben, versteht sich von selbst.

Von der Idee zum fertigen Möbelstück

Am Anfang stehen die Idee und eine ungefähre Vorstellung, wie das spätere Möbelstück aussehen soll. Davon mache ich mir meistens eine Handskizze, die in weiterer Folge überdacht und verändert wird und nach einiger Zeit immer konkretere Züge annimmt. Manche Ideen werden aber auch wieder verworfen. Hat es aber eine Vorstellung einmal bis auf den Zeichentisch geschafft, fertige ich mir davon einen ersten Bauplan an. Dann werden Maße überprüft und so lange verändert, bis das spätere Werkstück gut proportio-

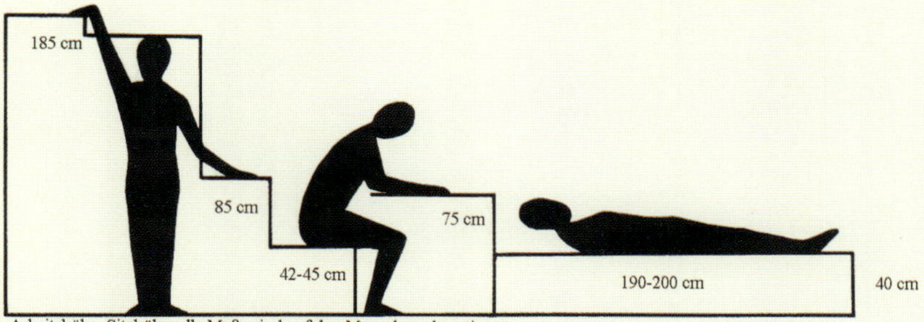

Arbeitshöhe, Sitzhöhe, alle Maße sind auf den Menschen abgestimmt

niert ist. Bei Unsicherheiten zeichne ich mir zumindest Teile des Möbelstückes auf großen Papierbögen im Maßstab 1:1 auf. Mit einer 1:1-Zeichnung bekommt man schon eine recht genaue Vorstellung vom fertigen Möbelstück und kann bei Ungenauigkeiten korrigierend nachbessern.

Mit Hilfe dieser Pläne wird dann eine **Stückliste** angelegt. Darauf werden alle Maße und die Bezeichnung der notwendigen Teile eingetragen. Achten Sie darauf, Maßangaben immer in gleicher Reihenfolge (z.B. Länge/Breite/Dicke) anzugeben, da es sonst leicht zu Verwechslungen kommen kann. Auf dieser Stückliste werden auch zusätzliche Informationen wie etwa die Holzart oder das zu verwendende Material (z.B. Furnierplatte) angegeben. Anhand dieser Stückliste wird in weiterer Folge das Holz ausgesucht und mit Übermaß zugeschnitten.

Holzauswahl

Bevor Sie mit einem Werkstück beginnen, müssen Sie auf die richtige Holzauswahl achten. Dabei gibt es folgende Punkte zu beachten:

- Wo wird das Holz eingesetzt? Im Außen- oder Innenbereich?
- Ist es starker Bewitterung ausgesetzt?
- Ist das Holz später sichtbar (Füllungen usw.) oder wird es als Unterkonstruktion z.B. für Vertäfelungen verwendet?
- Wie stark wird das Holz später beansprucht? Ein Sessel ist stärkeren Belastungen ausgesetzt als ein Wandregal.

Für den Außenbereich werden meist harzreichere Hölzer eingesetzt (Lärche/Kiefer). Diese können oft auch ohne zusätzlichen Holzschutz verwendet werden. Bei einigen Holzarten wie etwa bei Eiche und Lärche muss der (hellere) Splint weggeschnitten werden, da er leicht zu faulen beginnt und vom Holzwurm befallen wird. Für Unterkonstruktionen reicht Fichtenholz in mittlerer Qualität meistens aus. Für Möbel und Gebrauchsgegenstände, die im Innenbereich verwendet werden, können Sie fast jedes Holz verwenden. Hier ist vor allem Ihr persönlicher Geschmack ausschlaggebend. Denken Sie bei der Holzauswahl auch an Ihr handwerkliches Können: Harthölzer (Eiche/Esche) sind wesentlich schwerer zu bearbeiten als relativ weiche Holzarten wie z.B. Fichtenholz.

Bevor Sie das ausgewählte Holz zuschneiden, soll es auf eventuelle Holzfehler geprüft werden.

Holzfehler

Holz als natürlich gewachsener, organischer, „lebendiger“ Werkstoff ist dementsprechend auch nicht immer frei von Fehlern.

Bei der Trocknung, die sich bei manchen Holzarten über Jahre hinzieht, kann sich das Holz werfen und verziehen, besonders an den Enden wird es Risse bekommen. Darüber hinaus gibt es jedoch noch eine Reihe weiterer Holzfehler. Manche von ihnen sind aber erst nach dem Hobeln des Holzes zu erkennen. Meistens sind sie keine gravierenden Beeinträchtigungen und leicht auszubessern. Mit etwas Erfahrung werden Sie Holzfehler leicht erkennen und schon bei der Holzauswahl darauf achten können.

Grundsätzlich unterscheidet man zwischen folgenden Arten von Fehlern:

- **Wuchsfehler**
  Holzfehler am stehenden Baum. Drehwuchs, Gabelungen, Knollen u.v.m. Diese Holzfehler sind für den Tischler nicht so wichtig, da sie meistens schon im Sägewerk erkannt und aussortiert werden.

- **Holzfehler im Schnittholz**
  Risse, Äste, geworfene und verzogene Bretter, farbliche Veränderungen usw. Diese Holzfehler sind nicht immer auf den ersten Blick zu erkennen und sind oft erst nach dem Hobeln zu sehen.

- **Harzgallen**
  Vor allem sehr harzreiche Holzarten weisen oft Harzgallen auf. Da diese mit der Zeit ausfließen, müssen sie mit speziellen Maschinen ausgefräst oder mit einem Stemmeisen ausgekratzt und anschließend ausgeleimt oder ausgekittet werden.

- **Schwarze, lockere Äste**
  Äste, die nicht mit dem übrigen Holz fest verwachsen sind, und abgestorbene, „schwarze" Äste lockern sich meistens und müssen deshalb ausgebohrt werden. In das Bohrloch werden sogenannte Aststoppeln (im Fachhandel erhältlich) eingeleimt.

- **Flügeläste**
  Das sind Äste, die vom Kern ausgehend meist die gesamte Breite des Brettes einnehmen. Sie erscheinen dabei nicht als runde Scheibe, sondern sehen aus wie Flügel. An solchen Stellen verzieht und wirft sich das Holz. Flügeläste müssen zur Gänze ausgeschnitten werden.

- **Farbliche Abweichungen**
  Bei einigen Holzarten gelten farbliche Abweichungen als qualitäts- und wertmindernd. So wurde der braune Kern des Eschenholzes lange Zeit ausgeschnitten und nur für minderwertige Stücke verwendet. Seit kurzem wird gerade dieses Holz unter dem Namen „Olivesche" zu höheren Preisen gehandelt als das normale Eschenholz. Bei Kiefernholz kann der Splint eine Blaufärbung aufweisen, die durch Pilzbefall hervorgerufen wird. Diese „Blaufäule" muss weggeschnitten werden.

Das Auskratzen einer Harzgalle

Längsholzstoppel und Astholzstoppel zum Ausleimen von ausgebohrten „schwarzen" Ästen

Holz arbeitet

Es kann sich werfen und verziehen, es schwindet und quillt auf.
Die Bearbeitung von massivem Holz stellt höherer Ansprüche an Tischler und Holzwerker als etwa Plattenwerkstoffe. Das Gefühl und die Freude, mit einem natürlich gewachsenen, organischen Werkstoff umzugehen, gleichen diese Schwierigkeiten aber leicht wieder aus. Holz ist ein „lebendiger" Werkstoff und das ist bei der Verarbeitung in besonderer Weise zu berücksichtigen.

Holz hat die Eigenschaft, Feuchtigkeit aus der Umgebungsluft aufzunehmen und wieder abzugeben, es ist „hygroskopisch". Bei diesem Vorgang verändern sich die Dimensionen des Holzes. Das wird das „Schwinden" bzw. das „Quellen" des Holzes genannt. Das Holz schwindet und quillt dabei in der Breite mehr als in der Länge. Das ist auch wesentlich von der Holzart abhängig. Weichholz schwindet in der Regel mehr als Hartholz, Kernholz weniger als Splintholz. Diesen Umstand gilt es bei der Verarbeitung von Massivholz stets zu berücksichtigen.

- **Holz ist hygroskopisch (wasser- bzw. feuchtigkeitsanziehend)**
  Holz nimmt Wasser aus der Luft auf und gibt es wieder ab. Dadurch entsteht ein dauernder Ausgleich zwischen der Luftfeuchtigkeit und der Holzfeuchte.

- **Schwinden und Quellen**
  Holz verändert je nach Feuchtigkeitsgehalt seine Dimensionen, in der Länge weniger als in der Breite. In der Dicke schwindet es am meisten. Die Schwundwerte sind je nach Holzart unterschiedlich.

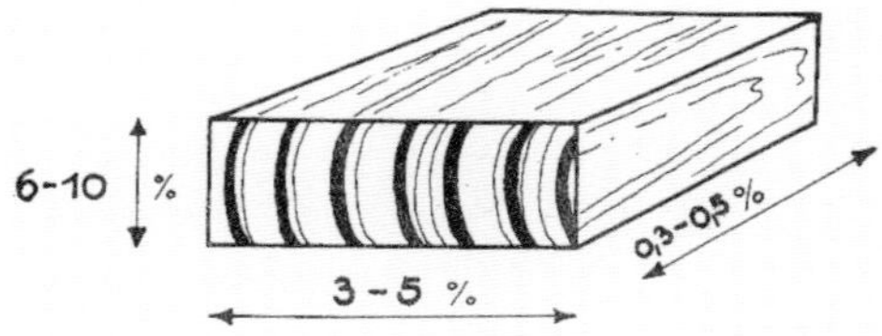

Die Schwundwerte sind je nach Holzart verschieden

- **Kernbretter**
  Im Kernbereich entsteht, durch die geschlossenen Jahresringe, bei der Trocknung eine Rissbildung und das Brett knickt. Der Kern muss daher bei der Verarbeitung herausgeschnitten werden. Die zwei Bretthälften weisen stehende Jahresringe auf und sind sehr gut für Friese und Rahmen zu verwenden.

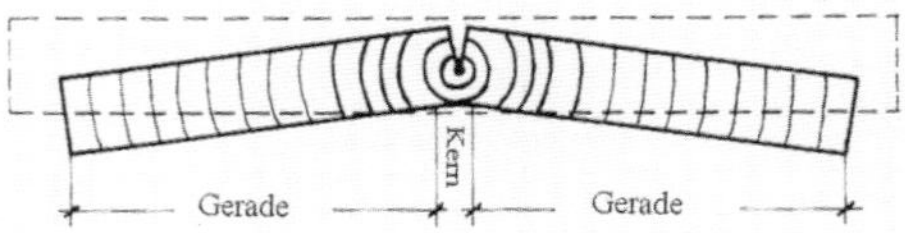

Der Kern muss ausgeschnitten werden. Die Bretthälften ergeben mit den stehenden Jahresringen gutes Holz für Friese und Rahmen

- **Seitenbretter**
  Die durchgehenden Jahresringe an den Seitenbrettern bewirken bei der Trocknung eine starke Verkrümmung der Bretter. Sie werden aufgeschnitten und anschließend Kern an Kern und Splint an Splint wieder verleimt. So verleimte Bretter werden z.B. für Füllungen verwendet.

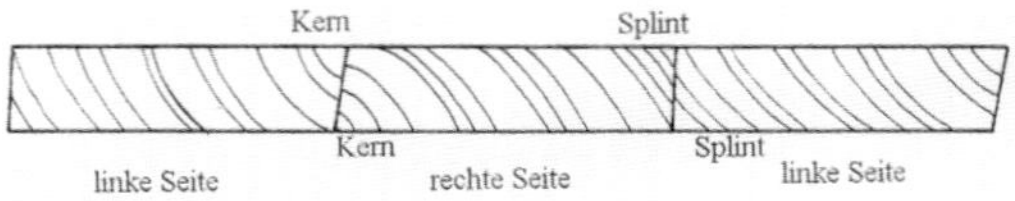

Das Holz zuschneiden

Wenn das benötigte Holz ausgesucht und auf mögliche Holzfehler geprüft worden ist, wird es am Holzlagerplatz mit der Handkreissäge auf die ungefähre Länge (mit Übermaß) abgeschnitten. Auf der Tischkreissäge werden die Bretter anschließend aufgetrennt. Als Nächstes wird mit der Abrichthobelmaschine eine Fläche abgerichtet und eine Kante rechtwinkelig dazugehobelt. Mit der Dickenhobelmaschine werden die Teile nun auf die fertigen Dimensionen gehobelt.

Um größere Flächen anfertigen zu können, müssen Sie die gehobelten Einzelteile miteinander verleimen.

Das Holz verleimen

Massivholz muss immer „Kern an Kern und Splint an Splint" verleimt werden, außerdem muss jedes zweite Brett gestürzt werden. Abwechselnd linke bzw. rechte Seite oben.

- **Kern an Kern/Splint an Splint**

Kern liegt an Kern, ein Brett wurde gestürzt

- **Rechte Seite/Linke Seite**
  Die dem Kern zugewandte Seite und Kante bezeichnet man als die rechte Seite bzw. rechte Kante. Kennzeichnen Sie diese jeweils mit dem sogenannten „Winkelzeichen".

Die rechte Seite und die rechte Kante werden mit dem Winkelzeichen versehen

So können größere Holzplatten hergestellt werden, die sich anschließend kaum mehr verziehen und werfen.

Um die einzelnen Teile miteinander zu verleimen, werden die Kanten mit Holzleim bestrichen und mit Hilfe von Klemmzwingen miteinander verspannt.

Dafür gibt es mehrere Arten von Holzleim.

- **Expressleim:** Dieser Leim trocknet bei Zimmertemperatur recht schnell (je nach Raumtemperatur ca. 15 Minuten). Herstellerangaben beachten!
- **Normalleim:** Hat eine längere Abbindezeit; das kann hilfreich sein, wenn viele Teile gleichzeitig verleimt werden müssen. Beide (Express-/Normal-) Leime ergeben eine Leimfuge, die nicht wasserfest ist. Sie sind daher nur für Verleimungen im Innenbereich einsetzbar.
- **Wasserfester Holzleim:** Wasserfester Leim wird zur Herstellung von Bautischlerarbeiten verwendet, die später der Witterung ausgesetzt sind (Fenster, Haustüren usw.).

Leimflasche

Leimspender

Hilfsmittel zum Verleimen

- **Leimflasche und Leimspender:** Mit der Leimflasche werden Dübel und Lamelloverbindungen geleimt. Der Leim kann genau dosiert und punktgenau aufgetragen werden. Mit dem Leimspender und Pinsel werden Kanten und Flächen geleimt.

- **Leimspachtel:** Zum Bestreichen größerer Flächen, vor allem beim Furnieren, werden gezahnte Kunststoffspachtel verwendet.

Tipps und Tricks fürs Verleimen

Das Verleimen einzelner Holzteile ist eine etwas heikle Angelegenheit. Es spielen mehrere Faktoren zusammen, die Einfluss auf die spätere Standhaftigkeit der Verleimung haben. Auch mir ist es schon passiert, dass sich die zu verleimenden Holzteile nach dem Ausspannen der Zwingen wieder gelockert haben. Einmal lag es daran, dass der Leim im Winter gefroren ist und daraufhin seine Leimeigenschaften völlig verloren hat. Oft passiert es auch, dass für Verleimungen, die der Witterung ausgesetzt sind, kein wasserfester Leim verwendet wird.

Damit Sie eine saubere und vor allem auch lange Zeit haltbare und belastbare Verleimstelle erhalten, müssen einige Grundregeln eingehalten werden:

- Achten Sie darauf, dass die zu verleimenden Holzteile plan aufeinander liegen. Je mehr Kontakt die Flächen bzw. Kanten zueinander haben, desto haltbarer wird die Verbindung werden. Sortieren Sie die Teile (Kern an Kern/Splint an Splint) und markieren Sie diese, damit Sie die Teile nach dem Bestreichen mit Leim schnell in die richtige Lage bringen können.

- Verwenden Sie den richtigen Leim, z.B. wasserfesten Leim für Verleimungen im Außenbereich. Prüfen Sie, ob der Leim noch in Ordnung ist. Wenn Sie sich nicht sicher sind, machen Sie eine Leimprobe, indem Sie zwei Holzabschnitte versuchsweise miteinander verleimen.
- Um das Kippen der einzelnen Teile zu verhindern, werden Querleisten aufgespannt. Eine Zwischenlage aus Zeitungspapier verhindert das Festkleben dieser Leisten. Spannen Sie anschließend die Holzteile mit entsprechend langen Klemmzwingen ein und lassen Sie den Leim ausreichend lange trocknen. Im Werkzeughandel werden spezielle Verleimzwingen, auf denen Bretter eben aufgelegt werden können, angeboten. Damit ersparen Sie sich das Aufspannen der Querleisten.

Eingespannte Klemmzwingen

- Verwenden Sie beim Einspannen mit Zwingen immer saubere Holzzulagen. So vermeiden Sie Druckstellen im Holz.
- Das Verleimen erfordert schnelles und konzentriertes Arbeiten, da der Leim je nach Raumtemperatur recht schnell „anzieht“ (trocknet). Bereiten Sie vor dem Verleimen die nötigen Werkzeuge (Zwingen und Zulagen) vor.

- Entfernen Sie überschüssigen Leim sofort, am besten mit einem feuchten Tuch. Eingetrockneter und ausgehärteter Leim ist oft schwer und nur mit viel Aufwand wieder zu entfernen. Waschen Sie Leimgeräte und Pinsel nach der Arbeit mit Wasser aus.

Nachdem der Leim getrocknet ist, werden die Zwingen entfernt und die Flächen können mit der Hobelmaschine oder der Bandschleifmaschine geglättet werden. Danach müssen die Teile auf die notwendige Länge abgeschnitten werden. Für Querschnitte werden dabei Sägeblätter mit mehr Sägezähnen verwendet als für Längsschnitte.

Die so vorbereiteten Holzteile können jetzt weiterverarbeitet werden.

◆ Die Holzverbindungen

Die Visitenkarte Ihrer Werkstücke

So gut wie jedes Möbelstück ist aus mehreren Einzelteilen zusammengesetzt. Möbel aus nur einem Teil gibt es nur in Ausnahmefällen, meist sind es künstlerische Designerstücke. Um die verschiedenen Teile zusammenzufügen, müssen belastbare und dauerhafte Holzverbindungen geschaffen werden. Dabei ist es notwendig, die „Quell- und Schwundeigenschaften" des Holzes immer im Auge zu behalten.

linke Seite: Schlitz-, Zapfen- und halbverdeckte Zinkenverbindungen an einem Weinregal

Die meisten Holzverbindungen werden seit Generationen überliefert, sie haben sich in der Herstellung und in ihrer Form kaum verändert. Es sind das die sogenannten klassischen Holzverbindungen, dazu gehört das Zinken ebenso wie eine Kreuzüberplattung oder die Schlitz- und Zapfenverbindung. Darüber hinaus gibt es auch moderne Holzverbindungsmethoden, wie z.B. Dübeln oder das Einfügen von Lamellos (kleine Holzplättchen, die in die Holzkanten eingefräst werden).

Sicherlich lassen sich Werkstücke mit modernen Holzverbindungen wesentlich schneller anfertigen als mit einer zeitaufwändigen klassischen Methode, die überdies ein hohes Maß an Genauigkeit und handwerklichem Geschick erfordert. Kenner des Holzhandwerkes werden bei einem Möbelstück als Erstes die Holzverbindungen begutachten. Bei fachgerecht ausgeführten Zinken werden Sie bestimmt das Lob und die Anerkennung von Fachleuten ernten können.

Übung macht den Meister

Sorgfältiges Messen und Anreißen sind ebenso wichtig wie eine geübte Hand im Umgang mit dem Handwerkzeug. Das richtige und darüber hinaus gut geschärfte Handwerkzeug gehört zu den Grundvoraussetzungen für ein befriedigendes Endergebnis.

Je sicherer Sie im Umgang mit Holz und Handwerkzeug sind, desto mehr Spaß wird Ihnen die eigentliche Arbeit machen. Sie brauchen dann nicht mehr vor jedem Arbeitsschritt lange zu überlegen und das Werken wird zügig voranschreiten. Achten Sie trotzdem auf konzentriertes und genaues Arbeiten, Fehler sind schnell gemacht und die Folgen oft recht unangenehm.

Ob Sessel oder Bilderrahmen

Welche Holzverbindung für Ihr Werkstück in Frage kommt, hängt ganz von der Art des geplanten Werkstückes ab. Wollen Sie z.B. einen Hocker oder aber einen Kleiderkasten anfertigen? Dabei spielt die Größe des geplanten Werkstückes keine Rolle. Bedenken Sie bei der Auswahl der Holzverbindung immer, welchen Belastungen das Werkstück später ausgesetzt wird. Ein Sessel wird um ein Vielfaches mehr beansprucht als etwa ein Bilderrahmen. Meist nur von optischer Bedeutung ist es, ob die Holzverbindung am fertigen Stück zu sehen ist oder ob sie unsichtbar (verdeckt) ausgearbeitet wird.

Eine eingefügte Gratleiste gewährleistet das „Arbeiten" des Holzes

Wichtig ist auch, ob die ausgewählte Holzverbindung zum verwendeten Material passt. Schmale Rahmenleisten werden Sie keinesfalls mit einer Zinkenverbindung zusammenfügen können. Dafür eignet sich beispielsweise eine Kreuzüberplattung oder Schlitz- und Zapfenverbindung. Wie schon oben erwähnt, muss darüber hinaus die gewünschte Holzverbindung auch das „Arbeiten des Holzes" gewährleisten. Diesen Umstand dürfen Sie niemals außer Acht lassen.

Zur richtigen Auswahl der Holzverbindung ist Folgendes zu bedenken:

- Welche Form soll das Werkstück bekommen (z.B. Sessel oder Kasten)?
- Welchen Belastungen ist die Holzverbindung später ausgesetzt?
- Soll die Holzverbindung sichtbar oder verdeckt sein?
- Kann das Holz noch „arbeiten"?
- Eignet sich die Holzverbindung für das ausgewählte Material (Platten, Leisten oder Kanthölzer)?

Holzverbindungsarten

Die geplante Holzverbindung richtet sich in erster Linie nach der Art des Werkstückes. Soll das Holz etwa der Länge nach miteinander verbunden werden? (Was z.B. bei Fußbodenbrettern oder manchmal bei Treppen- und Balkongeländern der Fall ist.) Wollen Sie mehrere Holzbretter zu einer Platte verbinden? Dann müssen Sie eine Breitenverbindung einsetzen. Tischplatten, Tür- und Rahmenfüllungen sind gute Beispiele für Breitenverbindungen. Wenn Sie aber einen Spiegel- oder Bilderrahmen anfertigen wollen, müssen Sie die Holzteile mit einer Rahmenverbindung zusammenfügen. Bei Kisten, Schubläden oder Möbeln kommen Korpusverbindungen zum Einsatz.

Holzverbindungen lassen sich also in vier Gruppen unterteilen.

- **Längsverbindungen**
  Sie werden im Möbelbau selten benötigt. Bei Treppen- und Balkongeländern ist manchmal eine Längsverbindung notwendig.
- **Breitenverbindungen**
  Sind zur Herstellung von Flächen (Tischplatte) erforderlich. Die Teile werden der Breite nach zusammengesetzt.
- **Rahmenverbindungen**
  Dabei werden die Holzteile über Eck zu Rahmen verbunden. Möbeltüren, Spiegel- oder Bilderrahmen.
- **Korpusverbindungen**
  Dabei werden breitere Holzteile winkelig zu einem Korpus verbunden.

Diese vier Gruppen unterteilen sich wieder in die einzelnen Holzverbindungsarten.

Ein durchgestemmter Zapfen mit Keilsicherung. Diese Holzverbindung kann wieder zerlegt werden

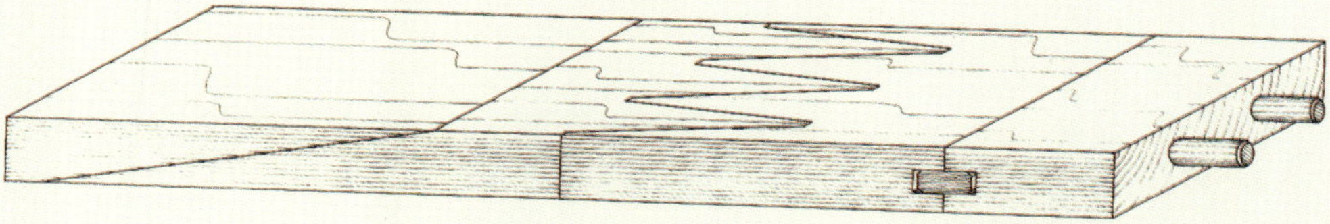

Die gängigsten Längsverbindungsarten sind (v.l.n.r.): Schiftung, Keilzinken, fremde Feder, Dübelung

Längsverbindungen

Längsverbindungen spielen in der Tischlerei nur eine sehr geringe Rolle. Diese Verbindungen werden öfter im Zimmermannshandwerk verwendet. Gängige Verbindungsarten sind:

- Schiftungen
- Keilzinken
- Verdübelungen
- Fremde Feder

Breitenverbindungen

Um größere Holzflächen herzustellen, müssen mehrere Teile der Breite nach miteinander verbunden werden.

- **Stumpfe Fuge**
  Dabei werden die Holzteile nur durch die Klebeeigenschaften des Leimes miteinander verbunden.

- **Gedübelte Fuge**
  Bei der gedübelten Fuge werden Holzdübel in die Kanten der zu verleimenden Teile eingebohrt. Das vergrößert die Leimfläche, und die einzelnen Bretter können beim Verleimen nicht mehr verrutschen.

Dübellöcher bohren: Dabei werden zuerst auf einer Seite des Brettes die Dübellöcher gebohrt, dann werden die Dübelspitzen (das sind kleine Metallspitzen, die genau in die Dübellöcher passen) eingesetzt, jetzt kann damit die genaue Lage der Dübellöcher am gegenüberliegenden Brett markiert werden. Fertige Holzdübel und Dübelspitzen bekommen Sie in jedem Handwerkermarkt in verschiedenen Längen und Dicken.

Stumpfe Fuge

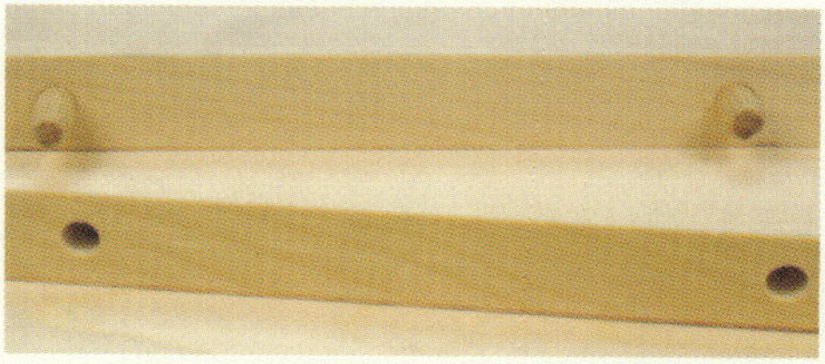

Durch Holzdübel können sowohl Breiten- als auch Korpusverbindungen angefertigt werden

Fremde Feder

Fuge mit eigener Feder, z.B. bei Nut- und Federbrettern

Auch mit einer Lamelloverbindung lassen sich Breiten- und Korpusverbindungen herstellen

- **Fuge mit eigener/fremder Feder**
  Dabei wird auf einer Seite eine Nut (Vertiefung) eingefräst. Das kann mit der Tischfräse, aber auch mit der Handoberfräse oder der Kreissäge gemacht werden. Auf der gegenüberliegenden Seite wird das genaue Gegenteil ausgefräst, sodass es in die Nut passt. Nun können die Bretter beliebig zusammengesetzt werden. Die Feder ergibt eine größere Leimfläche und verhindert zudem das Verrutschen der zu verleimenden Teile. Bei der „fremden Feder" wird auf beide Teile eine Nut eingefräst und diese mit einer separaten Feder verbunden.

- **Flachdübel (Lamello)**
  Bei einer Flachdübelverbindung (Lamello) werden mit einer speziellen Maschine kleine Holzplättchen eingefräst. Diese geben der Verbindung eine größere Leimfläche. In Fachkreisen spricht kaum jemand von Flachdübeln, hier wird für diese Holzverbindung allgemein der Name des Marktführers „Lamello" verwendet. Zur Herstellung von Möbelkorpussen wird fast ausschließlich die Flachdübelverbindung angewendet.

Rahmenverbindungen

Diese Holzverbindungsform hat den Zweck, einzelne Holzteile (Friese) über Eck miteinander zu verbinden. Rahmenverbindungen werden sehr häufig verwendet, und zwar zur Herstellung von Fenstern, Haus-, Zimmer- und Möbeltüren und für Bilderrahmen. Aber auch Möbel können in Rahmenbauweise angefertigt werden.

- **Schlitz und Zapfen**

Das ist die gebräuchlichste und am meisten verwendete Rahmenverbindung. Es werden Tischgestelle, Sessel und Hocker, aber auch Tür- und Fensterrahmen durch Schlitz und Zapfen miteinander verbunden. Diese Verbindung ist relativ einfach herzustellen, Sie benötigen dafür nur das übliche Handwerkzeug.

Die Verbindung besteht aus einem Schlitzstück und dem Zapfenstück.

Die Zapfendicke sollte ca. ein Drittel der Holzdicke betragen (Freisdicke = 24 mm – Rahmendicke = 8 mm).

Es können auch mehrere Zapfen angeschnitten werden, etwa bei Fensterrahmen (Doppelschlitz und Doppelzapfen). Es kann auch ein Falz oder an der Kante ein Profil eingearbeitet werden. Das muss aber bei der Herstellung berücksichtigt werden.

Die Verbindung wird auf die Teile angerissen

Mit der Spannsäge werden Schlitz und Zapfen eingeschnitten

Der Zapfenteil kann mit der Säge „abgesetzt" werden

Am Schlitzteil wird der Zapfen ausgestemmt

Der durchgestemmte Zapfen wird mit eingeleimten Keilen gefestigt

Schlitz- und Zapfenverbindungen haben eine große Leimfläche und ergeben belastbare Holzverbindungen

- **Eingestemmter und durchgestemmter Zapfen**
  Wird wie die Schlitz- und Zapfenverbindung angefertigt. Der eingestemmte Zapfen ist an der Kante nicht sichtbar.

- **Durchgestemmter Zapfen mit Keilsicherung**
  Wird wie der durchgestemmte Zapfen angefertigt. Diese Verbindung wird mit einem Keil gesichert und ist jederzeit wieder zerlegbar. Das ist besonders bei Gartentischen und Bänken praktisch, die im Winter platzsparend im Keller gelagert werden müssen.

Die fertig ausgearbeitete Schlitz- und Zapfenverbindung wird zur Kontrolle zusammengefügt

Die Schlitz- und Zapfenverbindung wird beim Holzhandwerken oft verwendet

- **Kreuzüberplattung**
  Wer von uns kennt es nicht, das klassische Christbaumkreuz aus zwei übereinander gelegten Brettern. Ein ganz simples Beispiel für eine Kreuzüberplattung. Fenstersprossen an alten Kastenfenstern sind ebenfalls durch eine Kreuzüberplattung zusammengefügt. Dabei wird meist an der Kante ein Profil angehobelt.

  Die Kreuzüberplattung wird mit der Säge bis auf die halbe Holzdicke eingeschnitten und anschließend ausgestemmt. Die Grundfläche muss dabei möglichst eben und gleichmäßig ausgearbeitet werden, um eine ausreichende Leimfläche zu erhalten. Dafür kann eine Handoberfräse eingesetzt werden.

Mit dem Stemmeisen wird das Restholz ausgestemmt

Die Grundfläche der Verbindung muss sauber ausgearbeitet werden, um eine genügend große Leimfläche zu erhalten

Die Kreuzüberplattung wird an beiden Teilen bis zur halben Holzstärke angerissen

Die fertige Kreuzüberplattung

Die Verbindung kann mit einer Säge oder auch auf der Tischkreissäge eingeschnitten werden

Überplattungen können auch als Ecküberplattung ausgeführt werden

Mit einer verstellbaren Gehrungssäge werden die Leisten geschnitten

Exakte Gehrungsschnitte erhält man mit einer Kapp- oder Gehrungssäge

Hirnholzflächen ergeben nur wenig haltbare Leimflächen

- **Die Gehrung**
  Die Gehrung wird meistens für Bilderrahmen usw. verwendet. Dabei werden Leisten in einem bestimmten Winkel, meistens 45°, geschnitten und anschließend zu Rahmen verleimt. Diese wenig belastbare Holzverbindung kann durch Lamello, Dübel oder das Einschneiden einer „fremden Feder" gefestigt werden. Bestreichen Sie bei der Verleimung beide Hirnholzflächen mit Leim, das ergibt einen besseren Halt.

Korpusverbindungen

Mit Korpusverbindungen werden breitere Holz- und Möbelteile miteinander verbunden. Das kann durch einfaches Nageln oder aber auch durch die „Königin" unter den Holzverbindungsarten, die Zinkenverbindung, ausgeführt werden. Mit Lamello und Holzdübeln lassen sich Korpusteile ebenfalls miteinander verbinden. Durch die einfache Handhabung und schnelle Anfertigung werden diese Verbindungen am häufigsten angewendet.

- **Offene Zinken**
  Die Zinkenverbindung wird meist zum Zusammensetzen von Schubladen und Korpusteilen verwendet. Sie gilt als die beste und haltbarste Holzverbindung. Eine Zinkenverbindung herzustellen sieht am Anfang schwierig und kompliziert aus, aber mit etwas Übung bereitet die Anfertigung bald keine Schwierigkeiten mehr. Wichtig sind vor allem genaues Messen und die exakte Ausführung der notwendigen Arbeitsschritte. Fehler und Ungenauigkeiten verzeiht eine Zinkenverbindung nicht. Den Umgang mit dem Handwerkzeug, Säge und Stemmeisen, sollten Sie gut beherrschen. Die Zinkenverbindung besteht im Wesentlichen aus dem Zinkenstück und dem Schwalbenschwanzstück. Der

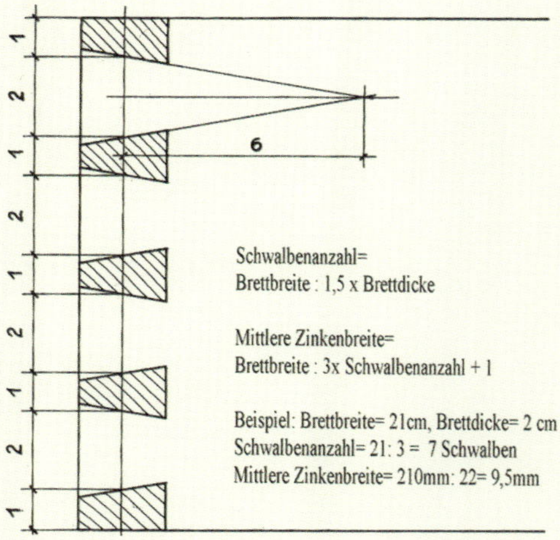

Einteilungsformel für eine offene Zinkenverbindung

Name leitet sich von der Keilform, die an einen Schwalbenschwanz erinnert, ab.

Beim „Zinken" ist es besonders wichtig, von Anfang an sorgfältig und genau zu arbeiten. Die Tiefe der Zinken und die Länge der Schwalbenschwänze richtet sich nach der Dicke des verwendeten Holzes und der Art der Zinkenverbindung (offene Zinken, halbverdeckte Zinken usw.). Um das richtige Verhältnis zwischen Zinken und Schwalbenanzahl zu erhalten, wird eine eigene Berechnungsformel eingesetzt.
Falls ein Boden eingesetzt werden soll, müssen Sie das bereits bei der Einteilung der Zinken berücksichtigen. Mit etwas Erfahrung können Sie die Zinken aber auch mit Augenmaß einteilen oder Sie fertigen sich eine Schablone an, die Sie immer wieder verwenden können.

Die Zinkenteilung wird anschließend auf die Holzteile übertragen und angerissen.

Kennzeichnen Sie nach dem Anreißen die Teile, die ausgestemmt werden müssen, das schafft etwas mehr Überblick und verhindert Verwechslungen.

Sind die Zinken eingeteilt und angerissen, beginnen Sie mit dem Einschneiden und danach mit dem Ausstemmen der Zinken bzw. Schwalben. Zum Ausstemmen werden die Teile eingespannt und anfangs keilförmig bis zur halben Brettstärke ausgestemmt. Durch das keilförmige Ausstemmen bleibt eine kleine Auflagefläche stehen und die Zinken können anschließend von der gegenüberliegenden Brettseite fertig ausgestemmt werden.

Sind die Zinken fertig ausgestemmt, wird die Teilung auf das Gegenstück (Schwalbenschwanzstück) übertragen.

Zum Einschneiden und Ausstemmen gehen Sie wieder so vor wie beim Zinkenstück.

Wenn alle Zinken und Schwalben fertig ausgearbeitet sind, können Sie die beiden Teile probeweise zusammenfügen und gegebenenfalls nachbessern, bis die Verbindung gut passt.

Mit dem Streichmaß wird die Holzdicke auf die Flächen übertragen

Zinken müssen mit der Handsäge bzw. Feinsäge eingeschnitten werden

Das Ausstemmen der Zinkenverbindung erfolgt von beiden Seiten des Brettes, das verhindert ein Ausreißen des Holzes

Die fertigen Zinken werden auf das Gegenstück, das Schwalbenschwanzstück, übertragen

Die Verbindung wird probeweise zusammengefügt und wenn notwendig nachgebessert

Eine sauber ausgearbeitete Zinkenverbindung ist eine Zier für jedes Möbelstück

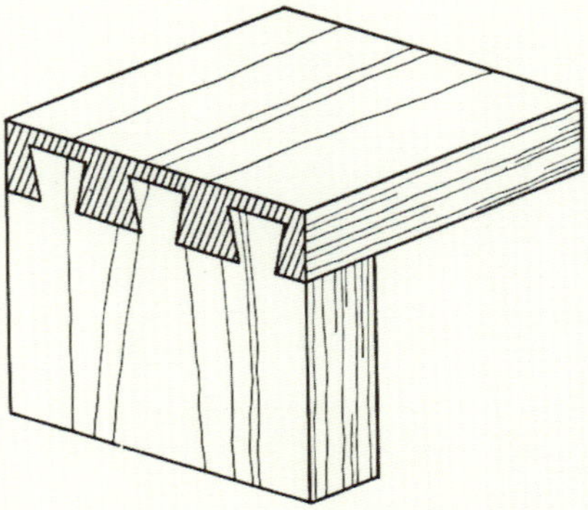

Halbverdeckte Zinken werden hauptsächlich für Schubladenvorderstücke verwendet

Außer den offenen Zinken gibt es noch eine Reihe von Spezial- und Sonderformen:

- **Halbverdeckte Zinken**
  Diese sind auf einer Brettseite unsichtbar (verdeckt) gearbeitet. Dadurch bleibt jeweils eine Brettseite unversehrt. Bei halbverdeckten Zinken lässt sich leicht ein Schubladenboden einarbeiten.

- **Gehrungszinken**
  Da Gehrungszinken von beiden Seiten verdeckt sind, ist der große Aufwand bei der Herstellung später nicht mehr zu sehen. Gehrungszinken werden deshalb nur sehr selten hergestellt.

- **Trichterzinken**
  Bei dieser Verbindung sind eine bzw. mehrere Seiten schräg. Trichterzinken werden z.B. für ein abgeschrägtes Schubladen-Vorderstück verwendet. Sie müssen sehr sorgfältig und genau angerissen werden.

- **Fingerzinken**
  Eine einfachere Form, bei der Zinken und Schwalben keine Schrägen aufweisen. Fingerzinken können mit Hilfe von Einstelllehren maschinell angefertigt werden. Fingerzinken werden meistens bei einfachen Kisten und Kassetten verwendet.

- **Der Grat**
  Als weitere Korpusverbindung kann noch der Grat genannt werden. Damit arbeitet man in einen Korpus Fächer oder Zwischenböden ein. Darüber hinaus werden Gratleisten zur Stabilisierung größerer Massivholzplatten (meistens Tischplatten) verwendet. Sie verhindern vor allem das Werfen des Holzes.

  Zum Anfertigen von einem Grat ist spezielles Werkzeug notwendig. Grathobel, Gratsäge und Grundhobel werden nur bei der Herstellung von Grat und Gratleiste verwendet. Diese Arbeiten können auch mit der Handoberfräse und entsprechenden Fräsern ausgeführt werden.

  In die Holzplatte wird ein konisch zulaufender Grat eingearbeitet. Die passgenau angehobelte Gratleiste wird in den Grat eingeschoben. Die Gratleiste darf erst im letzten Drittel „ziehen". Der Grat wird nur am vorderen Ende geleimt. Das ermöglicht das „Arbeiten" des Holzes. Die Gratverbindung ist die einzige Holzverbindung, bei der Längs- und Querholz miteinander verbunden werden.

Der Grat wird auf das Brett leicht konisch angerissen

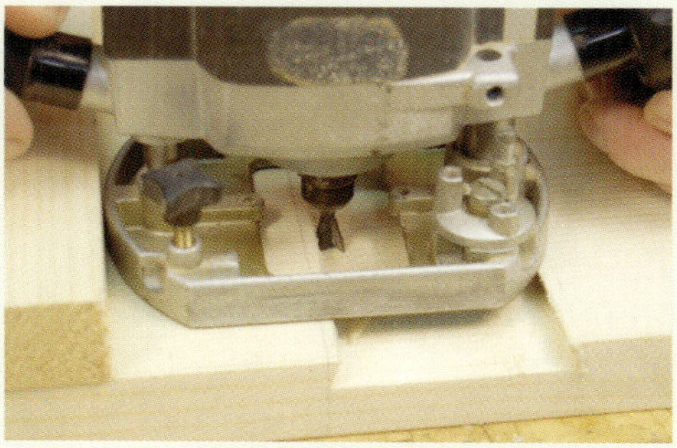

Zum Ausarbeiten einer Gratverbindung ist eigenes Werkzeug notwendig, Sie können sich aber mit einer Oberfräse behelfen

Der Grathobel kann nur zur Herstellung einer Gratverbindung verwendet werden

Die leicht konisch ausgearbeitete Gratverbindung soll beim Zusammenfügen erst im letzten Drittel „ziehen"

Die Gratleiste wird nur am Ende verleimt und ermöglicht so das „Arbeiten" des Holzes

Das sind die gebräuchlichsten Holzverbindungen. Neben diesen gibt es eine Anzahl von Abänderungen und Sonderformen. Alleine bei der Schlitz- und Zapfenverbindung gibt es mehr als 10 verschiedene Formen, diese richten sich danach, ob z.B. bei Fensterrahmen ein oder mehrere Fälze eingefräst sind, ob die Verbindung sichtbar gestaltet ist usw. Sie alle leiten sich aber von der Grundform ab. Wenn Sie die Grundzüge der klassischen Holzverbindungen erst einmal beherrschen, werden Sie mit Spezialanfertigungen keine Schwierigkeiten mehr haben.

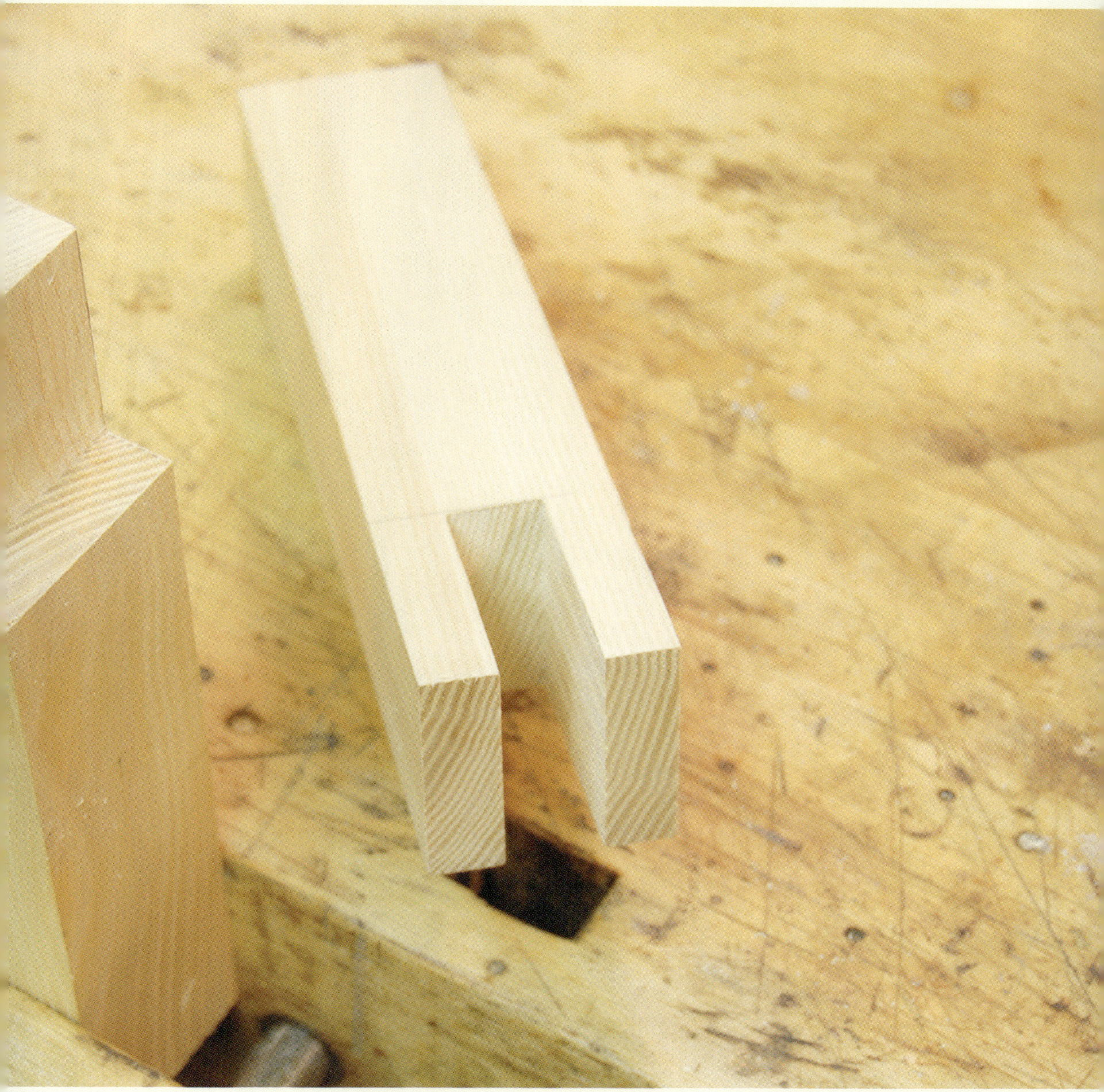

◆ Der letzte Schliff

Das Schleifen der Holzoberflächen

Bevor Sie Ihre sorgsam angefertigten Werkstücke ölen, wachsen oder streichen, also mit der eigentlichen Oberflächenbehandlung beginnen, müssen die Stücke noch geschliffen werden.

Früher wurden dazu etwa Schachtelhalme zu Bündeln geschnürt oder fein gemahlener Bimsstein über der Oberfläche verrieben. Noch bis in das letzte Jahrhundert hinein wurde fast ausschließlich die „Ziehklinge" (dünne Metallplatte, auf die ein schneidender Grat aufgefeilt wird) zum Glätten der Oberflächen verwendet.

Diese Arbeiten haben in der Zwischenzeit längst moderne Maschinen übernommen. Furniere sind meistens nicht mehr dicker als 0,5-0,8 mm, das erfordert hochpräzise Schleifmaschinen. Es sind meist computergesteuerte Schleifmaschinen, die Vor-, Zwischen- und Feinschliff in einem Arbeitsgang ausführen.

Im Hobbybereich arbeiten wir hauptsächlich mit Massivholz, das problemlos mit Bandschleifmaschine, Rutscher oder Handbandschleifmaschine geschliffen werden kann. Zum Schleifen von Kanten leistet ein Schleifklotz gute Dienste. Profile müssen händisch geschliffen werden. Als Schleifmittel steht eine Vielzahl verschiedener Schleifpapiere von grob bis fein zur Verfügung. Den Grad der Feinheit

linke Seite: Nützliche Hilfsmittel zum Holzschleifen:
Schwingschleifer in verschiedenen Größen und Schleifklotz zum Schleifen mit der Hand

nennt man die „Körnung". Die Körnungszahl ist auf jedem Schleifpapier angegeben. Je niedriger diese Zahl ist, umso grober ist das Schleifpapier, z.B. ist Körnung 80 relativ grobes Papier; je höher die Körnung, umso feiner ist das Schleifpapier. Es gibt Schleifpapiere mit einer Körnung von über 10.000, diese kommen aber nur zum Einsatz, wenn etwa Acrylglas absolut glasklar geschliffen werden muss. Im Holzhandwerk sind Körnungen von 80 bis 180 für den Holzschliff und 220 für den Lackschliff ausreichend.

Körnung der Schleifpapiere:

- Körnung 60: sehr grobe Körnung, z.B. zum Abschleifen von Böden.
- Körnung 80: grobe Körnung, für den Vorschliff geeignet.
- Körnung 120: mittlere Körnung, für den Zwischenschliff.
- Körnung 180: fein, für den Feinschliff, vor dem Lackauftrag.
- Körnung 220: zum Lackschleifen.

Bei den in diesem Buch angeführten Werkstücken genügt es meistens, wenn Sie mit Schleifpapier der Körnung 120 beginnen. Geschliffen wird immer mit dem Faserverlauf des Holzes, da ansonsten Kratzspuren im Holz entstehen. Nach dem Vorschliff (Körnung 120) empfiehlt es sich, die Holzteile zu „wässern": Mit einem nassen Schwamm oder Tuch wird die Holzoberfläche eingerieben. Durch die Feuchtigkeit richten sich feine Holzfasern auf, nach dem Trocknen werden diese wieder weggeschliffen und Sie erhalten nun beim Nachschliff mit Körnung 180 eine sehr glatte Holzoberfläche.

Falls Sie Ihr Werkstück lackieren, tritt nach dem ersten Lackauftrag derselbe Effekt wie beim Wässern auf: Es richten sich feine Holzfasern auf, die mit Lackschleifpapier (Körnung 220) feingeschliffen werden. Bei gebeizten Oberflächen ist hier besonders vorsichtig vorzugehen, denn die Lackschicht ist nur wenige Zehntelmillimeter dünn und kann mit dem Schleifpapier leicht „durchgeschliffen" werden. Es entstehen dann unschöne helle Flecken, die nur mehr schwer zu kaschieren sind.

Bei geölten Oberflächen wird nach dem ersten Ölen die Fläche ebenfalls aufgeraut sein, hier können Sie auch wieder mit Schleifpapier der Körnung 220 oder noch feiner schleifen.

Arbeitsweise

- Mit gröberem Schleifpapier beginnen, dann immer feineres verwenden.
- Immer parallel zur Holzfaser schleifen. Sonst erhalten Sie Querkratzer im Holz.
- Nach jedem Schliff den Schleifstaub gründlich entfernen.
- Zwischen Vor- und Feinschliff das Werkstück wässern.
- Beim Lackschleifen vorsichtig beginnen. Gefahr des Durchschleifens.
- Feinstaubmaske tragen.

Das Schleifen ist zwar der letzte Arbeitsgang vor der eigentlichen Oberflächenbehandlung. Sie sollten ihm aber mindestens so viel Aufmerksamkeit schenken wie allen vorangegangenen Arbeiten. Sicherlich macht es nicht immer Spaß, Profile, Kanten und Flächen mühselig zu schleifen, aber bedenken Sie, dass das spätere Erscheinungsbild Ihres Werkstückes entscheidend von dieser Arbeit abhängt.

Oberflächenbehandlung und Holzschutz

Ölen und färben, beizen und lackieren

Die Oberflächenbehandlung bildet den Abschluss beim Werken mit Holz. Nur in Ausnahmefällen werden einzelne Teile während der Anfertigung oberflächenbehandelt. Bei Werkteilen, die nach dem Zusammenbauen nur mehr schwer zugänglich sind, etwa die Innenseiten von Schubläden, oder bei sehr großen Möbelstücken ist es oft einfacher, noch vor der eigentlichen Fertigstellung die Oberflächenbehandlung durchzuführen.

Die meisten der im Buch vorgestellten Holzarbeiten habe ich mit selbst gemischtem Öl und Wachs behandelt. Nur Werkstücke, die der Witterung ausgesetzt sind, werden mit Holzschutzlasur behandelt. Bei einer entsprechenden Holzauswahl kann ein Schutzanstrich auch weggelassen werden. Lärchenholz können Sie durchaus auch unbehandelt für den Außenbereich einsetzen. Das Holz wird durch die Bewitterung und die UV-Strahlung eine graue Farbe annehmen. Außerdem ist es wichtig, dass Regenwasser gut abfließen und das Holz wieder austrocknen kann (sogenannter „konstruktiver Holzschutz"). Holz, das ständiger Nässe ausgesetzt ist und nicht trocknen kann, wird schnell zu faulen beginnen.

Für den Innenbereich erscheint mir das Ölen und anschließende Wachsen als die beste Art der Oberflächenbehandlung, wenngleich die Holzoberflächen damit nicht sehr widerstandsfähig und nicht wasserfest werden.

Durch das Öl, ich verwende eine Mischung aus Leinöl und Balsamterpentin, werden vor allem stark gemaserte Harthölzer gut „angefeuert", das heißt die Maserung wird deutlich hervorgehoben und die Farbe wesentlich intensiver. Das Auftragen einer Wachsschicht gibt der Holzoberfläche zusätzlichen Schutz und verleiht ihr einen seidigen Glanz. Das natürliche Erscheinungsbild des Holzes wird damit nicht beeinträchtigt.

Methoden zur Oberflächenbehandlung

Beizen

Das Beizen verändert den natürlichen Farbton des Holzes. Man unterscheidet zwischen Beizen, die ein „positives Beizbild" ergeben, dabei bleiben dunkle Jahresringe nach dem Beizen dunkel und helle Jahresringe bleiben hell, und Beizen, die ein „negatives Beizbild" ergeben. Darüber hinaus gibt es Beizen, die auf chemischer Basis mit den Holzinhaltsstoffen reagieren und dadurch die Holzfarbe verändern.

Sehr praktisch für Möbel, die wenig belastet werden, sind Wachsbeizen. Damit wird einerseits die Holzfarbe verändert und andererseits im selben Arbeitsgang durch in der Beize gelöste Wachsteile eine Wachsschicht auf die Oberfläche aufgetragen.

Ölen

Ölen ist eine der einfachsten Oberflächenbehandlungen. Meistens wird Leinöl verwendet. Das langsam trocknende Leinöl kann mit Balsamterpentin gemischt werden, um so den Trocknungsprozess zu beschleunigen. Nachdem das Öl getrocknet ist, soll der Vorgang noch ein bis zwei Mal wiederholt werden, bis eine schöne Holzoberfläche entstanden ist.

Außer Leinöl können auch Mohnöl, Nussöl, Tungöl (Holzöl aus China) oder Teaköl verwendet werden.

Tipp: Möbelöl selbst herstellen

Leinöl und Balsamterpentin werden zu gleichen Teilen gemischt, zur Geruchsverbesserung können ätherische Öle beigemengt werden.

Wachsen

Eine sehr einfache Art der Oberflächenbehandlung ist das Wachsen. Es ist auf allen Holzarten anwendbar, ergibt aber auf Weichhölzern das beste Ergebnis. Im Gegensatz zur Behandlung mit Öl dringt Wachs nicht in das Holz ein, es bleibt sozusagen auf der Holzoberfläche liegen und bildet eine seidig glänzende, offenporige Oberfläche. Im Handel sind verschiedene Produkte erhältlich, die meist aus Bienenwachs, Pflanzenwachs und Terpentin gemischt sind.

Bei der Verarbeitung von größeren Mengen kann Holzwachs auch selbst hergestellt werden, kleine Mengen lohnen den Aufwand kaum.

Tipp: Holzwachs selbst herstellen

Grundrezept:
80 g reines Bienenwachs,
70 g Carnaubawachs,
1 Liter Balsamterpentin.
Alles im Wasserbad schmelzen und gut verrühren, anschließend erkalten lassen.

Lasieren

Beim Lasieren werden Holzschutzmittel meistens mit dem Pinsel aufgetragen, nur bei großflächiger Anwendung werden Spritzgeräte verwendet. Im Gegensatz zur Behandlung mit Lacken dringt die Lasur tiefer in das Holz ein und ergibt somit eine imprägnierende Wirkung.

Lasuren werden zur Oberflächenbehandlung von im Freien eingesetzten Hölzern verwendet. Ein beigemischter Pigmentanteil schützt das Holz zusätzlich vor UV-Strahlung.

Lackieren

Lackoberflächen werden fast ausschließlich für den Innenbereich eingesetzt. Je nachdem, wie stark das Holz beansprucht wird, kommen verschiedene Lackarten zur Anwendung. Für stark beanspruchte Oberflächen (Treppen, Arbeitsflächen) werden chemisch aushärtende Lacke verwendet, diese ergeben sehr belastbare Holzoberflächen. Lacke können mit dem Pinsel oder mit der Rolle aufgetragen werden, das beste Ergebnis erreicht man aber bei einem Auftrag mit einer Spritzpistole. Farbige Lacke sind üblicherweise auf Öl- oder Acrylbasis aufgebaut. Arbeitsgeräte können je nach verwendetem Lösungsmittel mit Nitroverdünnung, Terpentin oder Wasser ausgewaschen werden.

Arbeitsregeln und Vorsichtsmaßnahmen bei der Oberflächenbehandlung

Lacke, Lasuren, Beizen, Öle usw. bestehen aus Feststoffen, die in verschiedenen Lösungsmitteln gelöst sind. Bei der Verarbeitung von Oberflächenbehandlungsmitteln entstehen daher durch das Verflüchtigen der Lösungsmittel Dämpfe, die mitunter gesundheitsschädigend sein können. Vermeiden Sie daher unbedingt das Einatmen solcher Dämpfe.

Sorgen Sie für eine ausreichende Belüftung Ihrer Arbeitsstätte und benützen Sie eine Atemschutzmaske. Vermeiden Sie darüber hinaus den direkten Hautkontakt mit Lacken und Lösungsmitteln. Bedenken Sie: Auch wenn ein Lack auf wasserlöslicher Basis aufgebaut ist, so sind trotzdem im Lack chemische Substanzen enthalten.

Auch wenn Sie Produkte auf biologischer Basis zur Oberflächenbehandlung verwenden, sollten Sie auf eine Schutzausrüstung (Handschuhe, Brille und gegebenenfalls Atemschutz) nicht verzichten

- Sicherheitsratschläge des Herstellers beachten.
- Atemschutzmaske tragen, Lackdämpfe nicht einatmen.
- Für eine gute Belüftung der Arbeitsräume sorgen.
- Nicht rauchen, kein offenes Licht und Feuer. Lacke und Lösungsmittel sind feuergefährlich.
- Hautkontakt vermeiden.
- Lackreste in geeigneten Behältern aufbewahren und vor Kindern geschützt aufbewahren.
- Bei Schwindel, Übelkeit usw. sofort einen Arzt aufsuchen.
- Verwenden Sie umweltverträgliche Produkte auf biologischer Basis.

DIE WERKSTÜCKE

15 Werkbeispiele
von der einfachen
Blumenbank bis zum
extravaganten Weinregal

◆ Vorbemerkung

Im folgenden Teil möchte ich Ihnen 15 Werkbeispiele vorstellen. Ich habe mich bemüht, die Auswahl so zu gestalten, dass sowohl Einsteiger in das Holzhandwerk als auch Profis ein geeignetes Werkstück finden können. Dabei können Sie von der einfach zusammengenagelten Blumenbank bis zum aufwändig gestalteten Weinregal Werkstücke in jedem Schwierigkeitsgrad auswählen. Durch die Schritt-für-Schritt-Anleitung und die vielen Fotos sind die Werkstücke einfach nachzubauen. Die Auswahl des jeweiligen Holzes bleibt dabei, ganz nach Ihren Wünschen, Ihnen überlassen. Die Maßangaben sollen nur eine Richtlinie darstellen, Sie können diese nach Ihren Bedürfnissen verändern.

Wenn Sie sich das notwendige Material bei einem Tischler zuschneiden und hobeln lassen, können alle Werkstücke mit relativ wenig Handwerkzeug angefertigt werden. Ich habe die meisten Stücke zur Oberflächenbehandlung nur geölt und gewachst, da damit die Natürlichkeit des Holzes erhalten bleibt. Sie können natürlich eine Oberflächenbehandlung Ihrer Wahl durchführen.

◆ Werkzeugkiste

Eine Werkzeugkiste darf in keiner Holzwerkstatt fehlen

Eine Werkzeugkiste gehört in jede Tischlerwerkstatt. Wenn das Handwerkzeug auch üblicherweise im in der Werkstatt montierten Werkzeugkasten aufbewahrt wird, so sind doch immer wieder Arbeiten außerhalb der Werkstatt zu erledigen. Dafür bietet die Werkzeugkiste die ideale Transport- und Aufbewahrungshilfe für Ihr wertvolles Handwerkzeug.

Diese Werkzeugkiste ist zusammengenagelt und somit ein gutes Anfangsstück für Einsteiger. Der Profi wird eine aufwändigere Holzverbindung wählen. Für diese Werkzeugkiste ist Fichtenholz vollkommen ausreichend. Es ist leicht zu bearbeiten, und wenn einmal etwas schiefläuft, dann ist das bei relativ billigem Fichtenholz auch nicht so schlimm.

Diese Werkzeugkiste habe ich etwas breiter angefertigt, denn bei Arbeiten außer Haus benötigt man meistens recht viel Handwerkzeug und darüber hinaus noch einige Elektrowerkzeuge. Da kann eine Werkzeugkiste leicht zu klein werden. Sie können natürlich die unten angegebenen Maße an Ihre individuellen Ansprüche anpassen.

Das brauchen Sie

2 x	Seitenteile	500 x 120 x 20 mm
1 x	Inneneinteilung	500 x 120 x 20 mm (Werkzeughalterung)
2 x	Griffteile	300 x 230 x 20 mm
1 x	Boden	540 x 300 x 8 mm (Sperrholzplatte)
1 x	Griffstange	540 mm, Durchmesser 22 mm

So wird's gemacht

1. Alle Teile werden zugeschnitten und auf das richtige Maß gehobelt. Anschließend werden die Teile auf die fertige Länge abgeschnitten. Wenn Sie über keine Holzbearbeitungsmaschinen verfügen, können Sie sich die nötigen Teile auch beim Tischler hobeln und zuschneiden lassen.

2. Haben Sie alle notwendigen Teile zugeschnitten und gehobelt, muss anschließend die Schräge der Griffteile angezeichnet werden. Sie können das Restholz nun mit elektrischen Sägen oder aber auch mit der Handsäge (Gestellsäge) abschneiden. Mit dem Putzhobel werden dann die Kanten nachbehandelt und mit einer leichten Fase versehen.

3. Als Nächstes wird das Loch für die Griffstange angezeichnet und mit der Bohrmaschine ausgebohrt. Spannen Sie dazu die Griffteile ein, um ein Verrutschen zu verhindern. Eine Unterlage aus einem Holzabfall verhindert eine Beschädigung der Arbeitsfläche und gewährleistet ein ausrissfreies Bohrloch. Ich bohre hier freihändig; ein Bohrständer, in den Sie Ihre Handbohrmaschine einspannen können, oder eine spezielle Ständerbohrmaschine wird Ihnen diese Arbeit erleichtern.

4. Zum Vernageln der Teile ist es notwendig, die Nagellöcher vorzubohren, da das Holz ansonsten reißen und splittern kann. Bohren Sie leicht schräg, um einen besseren Halt der Nägel zu erreichen. Verwenden Sie einen Bohrer, der um 0,5 mm kleiner als die verwendeten Nägel ist.

Nach dem Vorbohren werden die Teile eingespannt und zusammengenagelt.

5. Bevor die Werkzeugkiste ganz zusammengebaut wird, müssen Sie die Griffstange einsetzen. Diese wird an den Enden mit der Feinsäge keilförmig eingeschnitten. In diesen Einschnitt wird später ein Keil zur Sicherung eingesetzt.

6. Wenn die Griffleiste eingesetzt ist, können Sie jetzt die Werkzeugkiste fertig zusammennageln. Die Nägel werden anschließend mit einem Versenkstift versenkt, sodass sich der Nagelkopf unter der Holzoberfläche befindet. Diese Nagellöcher werden jetzt mit Holzkitt ausgefüllt.

♦ **Tipp:** Holzkitt kann leicht selbst hergestellt werden, indem Sie feinen Schleifstaub mit Holzleim mischen.

7. Die vorher angefertigten Holzkeile werden nun in die Einschnitte an der Griffstange geleimt. Das überstehende

Keilende wird mit der Feinsäge abgeschnitten. Wenn der Leim getrocknet ist, können die Flächen mit dem Putzhobel geglättet werden. Achten Sie darauf, dass das Hobelmesser gut schneidet, nur so bekommen Sie eine glatte, ausrissfreie Oberfläche.

8. Anschließend muss der Boden aufgenagelt werden. Setzen Sie dazu die Nägel wieder schräg an, um durch die Keilwirkung einen guten Halt zu erreichen. Verwenden Sie zusätzlich etwas Holzleim.

9. Aufwändiger ist die Anfertigung der Werkzeughalterung. Sie wird auf der Kreissäge ausgeschnitten. Dazu zeichnen Sie zuerst alle Ausschnitte an und stellen dann das Sägeblatt an Ihrer Kreissäge auf die gewünschte Arbeitshöhe ein. Jetzt werden die Ausnehmungen eingeschnitten und danach mit dem Stemmeisen sauber ausgestemmt. Wenn Sie über keine höhenverstellbare Kreissäge verfügen, können die Ausnehmungen auch mit der Oberfräse oder mit der Handsäge angefertigt werden.

10. Schleifen Sie abschließend alle Außenflächen an der Werkzeugkiste. Die Kanten werden ebenfalls mit Schleifpapier leicht abgerundet (gebrochen). Ich habe diese Werkzeugkiste unbehandelt belassen, es kann aber jede beliebige Oberflächenbehandlung durchgeführt werden.

Eine rustikale Gartenbank

Diese Gartenbank ist einfach und recht massiv angefertigt. Als Lehne und als Sitzfläche dient jeweils ein breites Brett, an dem an den Kanten die natürliche Wuchsform des Baumes beibehalten worden ist. Ich habe hier lediglich die Baumrinde entfernt und die Kanten stark abgerundet.

Die Gartenbank steht bei mir an einem freien, nicht überdachten Platz und muss daher auch jeder Witterung standhalten. Deshalb muss bereits bei der Konstruktion darauf geachtet werden, dass Regenwasser abfließen und nicht in die Holzverbindungen eindringen kann. Wenn Holz nach einem Regenschauer wieder gut austrocknen kann, ist es auch im Freien lange haltbar. Ein Schutzanstrich erhöht die Lebensdauer zusätzlich.

Die angegebenen Maße beziehen sich auf diese hier vorgestellte Gartenbank, Sie können diese aber natürlich nach Ihren Bedürfnissen verändern. Folgende Grundmaße sollten aber eingehalten werden: Sitzhöhe ca. 45 cm, Höhe der Lehne ca. 80-90 cm, Tiefe der Sitzfläche ca. 40 cm. Pro Person sollten Sie eine Breite von etwa 60 cm bemessen.

Das brauchen Sie

2 x	Füße, hinten	850 x 75 x 65 mm
2 x	Füße, vorne	350 x 75 x 65 mm
2 x	Zargen, oben	470 x 75 x 65 mm
2 x	Zargen, unten	500 x 75 x 65 mm
1 x	Sitzbrett	1.300 x 450 x 40 mm (2 Personen)
1 x	Lehne	1.300 x 360 x 40 mm

Außerdem:

- 10 x Holzschrauben (Schlüsselschrauben) M8 70 mm lang
- 10 x Astlochstoppeln (gibt's im Fachhandel)
- Holznägel oder Dübel und Holzkeile nach Bedarf

So wird's gemacht

1. Ich habe mir für diese Gartenbank auf einer Holzplatte eine Zeichnung in Originalgröße (sogenannter „Aufriss") angefertigt. Davon können Sie jederzeit die Originalmaße abnehmen und die einzelnen Teile auf ihre Genauigkeit überprüfen.

Außerdem können Schrägen mit der Schmiege (Schrägmaß) abgenommen und auf die entsprechenden Teile übertragen werden.

2. Übertragen Sie die Schrägen von der Aufrisszeichnung auf die Werkteile und schneiden Sie diese entsprechend lang ab. Für eine angenehme Sitzposition sollte der Winkel der Lehne etwa 7° betragen.

3. Als Holzverbindung habe ich hier den eingestemmten Zapfen gewählt. Im Gegensatz zum durchgestemmten Zapfen ist diese Holzverbindung von außen nicht sichtbar. Die Zapfen habe ich außerdem noch abgesetzt, dadurch werden kleine Ungenauigkeiten beim Ausstemmen des Zapfenloches überdeckt und es kann darüber hinaus kein Wasser in die Holzverbindung eindringen.

4. Reißen Sie die Verbindungen an und schneiden Sie die Zapfen ein. Achten Sie darauf, dass die Zapfen an den Verbindungsstellen zwischen hinterem Fuß und der Zarge oben so wie unten im entsprechenden Winkel schräg abgesetzt werden müssen. Nach dem Anfertigen der Zapfen werden die Zapfenlöcher ausgestemmt. Das ist bei einer eingestemmten Zapfenverbindung etwas schwieriger, da das Zapfenloch nur von einer Seite ausgestemmt werden kann.

♦ **Tipp:** Um das Ausstemmen etwas zu erleichtern, können Sie mit der Bohrmaschine und einem Holzbohrer in der richtigen Größe das Zapfenloch vorbohren. Mit dem Stemmeisen wird anschließend die Feinarbeit ausgeführt.

5. Bevor die beiden Gestellteile verleimt werden, wird auf alle Kanten eine Fase gehobelt. Auch die Hirnholzteile werden mit einer Fase versehen; auf diese Weise entsteht an den Verbindungsstellen eine Schattenfuge, durch die Ungenauigkeiten ausgeglichen werden.

6. Zum Verleimen der Gartenbank müssen Sie unbedingt wasserfesten Leim verwenden. Normaler Holzleim löst sich bei Kontakt mit Wasser und die Verbindung lockert sich.

Gehen Sie beim Verleimen konzentriert und zügig vor. Achten Sie darauf, dass wasserfester Holzleim eine deutlich längere Abbindezeit hat als herkömmlicher Leim.

♦ **Tipp:** Um die Holzverbindung noch stabiler und belastbarer zu machen, gibt es verschiedene Möglichkeiten. So können Sie z.B. eine Keilsicherung einfügen, die Keile spreizen beim Zusammenfügen der Teile den Zapfen auseinander und halten ihn so fest. Diese Keilsicherung muss aber sehr genau ausgearbeitet werden, da sich die Verbindung, wenn sie einmal zusammengesetzt ist, nicht mehr lösen lässt.

Eine andere Möglichkeit, der Holzverbindung zusätzlichen Halt zu geben, ist das Einbohren von Holzdübeln oder selbst gefertigten Holznägeln.

7. Die Sitzfläche und die Lehne habe ich rustikal belassen. Die Kanten wurden lediglich mit einem Reifmesser, mit dem man bei frisch geschnittenen Brettern die Rinde abnimmt, bearbeitet und stark abgerundet. Die Hirnholzkanten werden auf dieselbe Art und Weise behandelt. Alle Kanten können dann je nach Wunsch noch mit Schlichtfeile und Schleifpapier nachgearbeitet werden.

8. Das Sitzbrett und die Lehne können nun auf die Gestellteile montiert werden. Ich habe dafür große Holzschrauben mit einem Sechskantkopf (Schlüsselschrauben/M8) verwendet. Damit die Schrauben später nicht mehr zu sehen sind, habe ich größere Löcher ausgebohrt, die nach dem Verschrauben mit vorgefertigten Astlochstoppeln ausgefüllt werden.

♦ **Tipp:** Bei Fichten- und Lärchenholz treten häufig Harzgallen auf, diese laufen meist nach einiger Zeit aus. Bei einer Sitzfläche oder Lehne ist das besonders unangenehm, da sich das Harz nur mehr schwer aus der Kleidung auswaschen lässt. Deshalb müssen Harzgallen immer ausgefräst oder, wenn keine spezielle Maschine zur Verfügung steht, mit dem Stemmeisen ausgekratzt werden. Die entstandenen Löcher werden anschließend mit eigens dafür hergestellten Holzschiffchen ausgeleimt oder mit Holzkitt ausgekittet.

9. Da die Gartenbank der Witterung ausgesetzt ist, sollten Sie einen entsprechenden Schutzanstrich auftragen. Gut geeignet sind Holzschutzlasuren, von denen es im Fachhandel ein breites Angebot gibt. Achten Sie darauf, Ihre Gartenbank von Zeit zu Zeit, spätestens wenn das Holz grau zu werden beginnt, nachzustreichen. So werden Sie lange Freude an Ihrer Gartenbank haben.

Gartenbänke in unterschiedlichen Ausführungen

◆ Eine lustige Figur

Zum selber Bemalen für Ihre Kinder

Zum Kennzeichnen der Kinderzimmertür, als Begrenzung für ein Blumenbeet oder als Kindergarderobe. Da macht das tägliche Blumengießen gleich mehr Spaß, wenn eine lustige, selbst bemalte Figur den eigenen Bereich kennzeichnet. An der Zimmertür postiert sieht jeder sofort: Hier beginnt das Reich Ihrer Kinder. Zusätzlich können Holzhaken angebracht werden und die Figur wird zur Kindergarderobe.

Diese Figur ist ganz einfach anzufertigen. Sie brauchen im Grunde nur eine Holzplatte mit der Stichsäge auszuschneiden. Dafür können Sie im Fachhandel erhältliches Material verwenden. Das Bemalen überlassen Sie am besten Ihren Kindern.

Das brauchen Sie

1 x	Holzplatte	ca. 1300 x 250 x 12 mm
1 x	Bodenplatte	ca. 300 x 300 x 12 mm

(Die Bodenplatte brauchen Sie nur, wenn die Figur frei im Raum aufgestellt werden soll.)

Außerdem:
- einige Holzschrauben
- Farbe zum Bemalen

Und so wird's gemacht

1. Kaufen Sie im Baumarkt oder beim Holzhändler eine entsprechend große Holzplatte. Am besten eignen sich Sperrholz-, Multiplex- oder Dreischichtplatten. Wenn die Figur später im Freien aufgestellt wird, soll die Holzplatte wasserfest verleimt sein. Sie können für die Figur aber auch massives Holz verwenden.

2. Auf diese Holzplatte werden die groben Umrisse der Figur aufgezeichnet. Anschließend wird die Figur mit der Stichsäge ausgeschnitten. Spannen Sie dazu die Platte ein und achten Sie auf sicheres Arbeiten. Meine Figur wird später als Gartenbegrenzung verwendet. Darum habe ich an den Füßen einen ca. 25 cm langen Keil angeschnitten. Damit kann die Figur leicht in der Erde befestigt werden. Anstelle des Keiles können Sie auch eine Bodenplatte aufschrauben, dadurch kann die Figur frei im Raum oder z.B. vor dem Kinderzimmer aufgestellt werden. Mit einfachen Haken wird die Figur zur Kindergarderobe umgewandelt.

3. Die sägerauen Kanten müssen nach dem Ausschneiden glatt geschliffen werden. Das ist eine Arbeit, die von Kindern ausgeführt werden kann. Entfernen Sie vorher unbedingt die gröbsten Holzspäne mit dem Hobel oder Stemmeisen. Zum Schleifen der Kanten können Sie Schleifpapier mit der Körnung 80-120 verwenden. Falten Sie ein Stück Schleifpapier einmal in der Mitte, dadurch wird das Schleifpapier etwas stabiler und liegt besser in der Hand. Das gefaltete Schleifpapier sollte etwa die Größe eines halben Handtellers haben.

4. Verwenden Sie für die Bemalung nur Farben auf biologischer Basis. Wird die Figur später im Freien aufgestellt, müssen wasserfeste Farben verwendet werden. Achten Sie darauf, dass die Kanten ausreichend gut mit Farbe bedeckt sind, denn hier kann am leichtesten Wasser eindringen und das Holz beginnt bald zu verfaulen.

Lassen Sie beim Bemalen der Figur der Kreativität Ihrer Kinder freien Lauf, es entsteht sicher eine lustige Figur.

◆ Eine Blumenbank

Für Balkon und Garten

Diese Blumenbank ist eines der einfachsten Werkbeispiele in diesem Buch. Sie wird nur aus einigen Brettern zusammengenagelt. Die Stabilität erhält die Bank durch zwei eingeschnittene Zargen.

Diese Blumenbank ist auf dem Balkon und im Garten vielseitig einsetzbar. Als dekorative Blumenbank oder auch zum Abstellen von Gartengeräten, oder wenn beim Grillen wieder einmal die Sitzgelegenheiten zu wenig werden. Ich habe für diese Bank alte Fußbodenbretter verwendet, die ich abschließend nur geölt habe. Aber auch ein farbiger Anstrich kann diese Bank zum Farbtupfer auf ihrem Balkon machen.

Wenn Sie sich die Bretter vom Tischler hobeln und zuschneiden lassen oder fertig im Holzfachhandel kaufen, brauchen Sie zum Anfertigen der Bank nur das übliche Handwerkzeug.

Durch die einfache Anfertigung und den geringen Materialaufwand ist diese Blumenbank sicherlich ein gutes Objekt, um einmal „Holzluft" zu schnuppern.

Das brauchen Sie

1 x	Sitzfläche	1200 x 300 x 22 mm
2 x	Seitenteile	430 x 240 x 22 mm
2 x	Zargen	1100 x 100 x 22 mm

Und so wird's gemacht

1. Die Ausnehmungen an den Seitenteilen werden angezeichnet, mit einem Holzbohrer ausgebohrt und mit der Stichsäge ausgeschnitten. Behandeln Sie die sägerauen Schnittkanten mit Hobel und Schleifpapier. Sie können natürlich auch andere Formen als die hier abgebildete verwenden.

2. Anschließend werden die Ausschnitte für die Zargen angezeichnet und ausgeschnitten.

Gegebenenfalls könnten Sie die Zargen auch stumpf auf die Seitenteile aufnageln, das müssen Sie dann aber bei der Breite der Sitzfläche berücksichtigen.

3. Die Seitenteile können jetzt geschliffen und die Kanten leicht abgerundet (abgefast) werden. Für eine rustikale Blumenbank können Sie die Bretter auch im gehobelten Zustand belassen. Selbst die Verwendung von sägerauen Brettern ist durchaus möglich.

4. Die Zargen werden anschließend an den Enden leicht schräg geschnitten, damit man sich später nicht anstoßen kann. Markieren Sie die Lage der Seitenteile und bohren Sie die Löcher für die Nägel vor. Wenn Sie die Nägel leicht schräg einschlagen, erhalten Sie durch die Keilwirkung eine stabilere Verbindung.

5. Das Gestell für die Blumenbank kann jetzt zusammengenagelt werden. Geben Sie etwas wasserfesten Holzleim auf die Verbindungsstellen, um etwas mehr Stabilität zu erreichen. Versenken Sie die Nagellöcher mit einem Versenkstift und füllen Sie diese anschließend mit Holzkitt aus. Achten Sie beim Zusammenbau auf den rechten Winkel.

6. Wenn der Leim angetrocknet ist, können Sie die Sitzfläche aufnageln. Markieren Sie dazu die Lage der Zargen und bohren Sie wiederum die Nagellöcher vor. Tragen Sie etwas Leim auf die Kanten auf. Kontrollieren Sie den gleichmäßigen seitlichen Abstand der Sitzfläche und nageln Sie diese auf das Bankgestell.

◆ Ein Mondregal

Für das Kinderzimmer

In einem Kinderzimmer finden sich stets genügend Kleinigkeiten, die auf einem Regal zur Schau gestellt werden wollen. Ob es Puppen, Spielsachen, Mitbringsel vom Familienausflug oder diverse Fundstücke sind, die Anzahl der Schätze ist meist unbegrenzt.

Um dem Einheitsbrei aus dem Möbelhandel zu entgehen, habe ich ein lustiges Mondregal angefertigt. Bemalt mit knallgelber Farbe und einem lächelnden Gesicht wird aus dem einfach anzufertigenden Regal ein Blickfang für jedes Kinderzimmer. Das Anmalen des Regals können Sie ja auch wieder Ihren Kindern überlassen.

Als Grundmaterial wurden einfache Multiplexplatten (vielschichtig verleimte Holzplatten) verwendet. Diese können Sie in jedem Baumarkt auch zugeschnitten kaufen.

Die Regalbretter sind lediglich von der Rückseite her mit Spanplattenschrauben angeschraubt.

Das brauchen Sie

1 x	Grundbrett (Multiplex o.ä.)	ca. 900 x 500 mm
3 x	Fächer	ca. 200 x 170 mm

Außerdem:
- 2 x Einbohrbuchsen für die Aufhängung
- einige Schrauben und Farbe

Und so wird's gemacht

1. Zeichnen Sie auf die Grundplatte die Umrisse eines Halbmondes oder eines Motivs Ihrer Wahl. Sie können ja genauso gut ein Regal in Form einer Sonne bauen. Achten Sie darauf, dass der Radius der Innenrundungen nicht kleiner ist, als Sie mit Ihrer Stichsäge oder Bandsäge schneiden können.

♦ **Tipp:** Um einen gleichmäßig runden „Mondrücken" zu erhalten, fertigen Sie sich am besten einen Stangenzirkel an. Dazu wird in eine ausreichend lange Holzleiste an einem Ende ein Nagel durchgeschlagen, anschließend bohren Sie im benötigten Abstand ein Loch als Halterung für einen Bleistift. Mit diesem Stangenzirkel können nun auch sehr große Kreise und Rundungen einfach angerissen werden.

2. Zeichnen Sie jetzt die Lage der Fächer und auf der Rückseite die der Aufhängung an. Das geschieht am leichtesten, solange der Mond noch nicht ausgeschnitten ist. Nach dem Ausschneiden gibt es keine gerade Kante mehr, an der Sie den Winkelhaken ansetzen können.

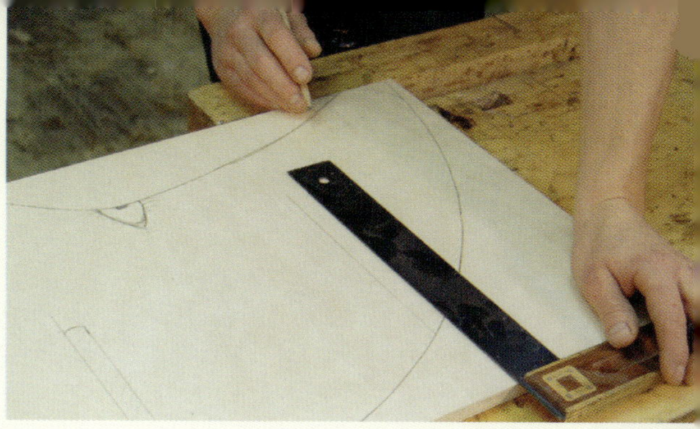

3. Schneiden Sie den Mond mit einer Stichsäge oder, wenn Sie über eine Bandsäge verfügen, mit dieser aus. Verwenden Sie dazu ein feingezahntes, schmales Bandsägeband, das für sogenannte Schweifarbeiten geeignet ist. Besonders die engen Radien bei Mund und Nase sind schwer auszuschneiden. Je besser das Sägeblatt schneidet und je genauer Sie den Schnitt führen, desto weniger Arbeit bereitet Ihnen das anschließende Glattschleifen der Schnittkanten.

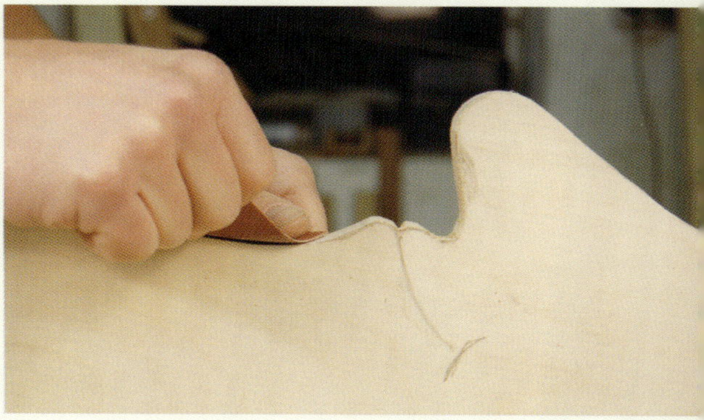

4. Da die Fächerkanten auf drei Seiten sichtbar sind, müssen sie an der Rückseite der Mondrundung angepasst werden. An den beiden übrigen Kanten wird eine leichte Rundung angehobelt oder geschliffen.

Bevor die Fächer angeschraubt werden, müssen die Buchsen für die Aufhängung an der Rückseite eingebohrt und eingeschlagen werden. Anschließend werden die Löcher für die Fächer vorgebohrt.

◆ **Tipp:** Setzen Sie zum Anschrauben der Fächer eine Schraubzwinge an, auf diese Weise kann das Fach nicht verrutschen. Und Sie haben eine Hand mehr frei zum Schrauben.

5. Ich habe mich bei diesem Mondregal bewusst für ein einfaches Anschrauben der Fächer entschieden, denn Fächer in dieser Größe werden meistens nur gering belastet, dafür ist eine Schraubverbindung üblicherweise ausreichend. Darüber hinaus ergeben die Kanten der Multiplexplatten eine recht gut belastbare Leimfuge. Sie können aber zusätzlich noch Holzdübel oder Lamellos verwenden.

6. Es bleibt Ihnen überlassen, ob sie den Mond vor oder nach dem Zusammenschrauben streichen. Wenn vorher gestrichen wird (was etwas einfacher ist), müssen aber unbedingt alle zu verleimenden Flächen und Kanten mit Klebeband abgedeckt werden.

7. Malen Sie dem Mond nun noch Augen und einen lächelnden Mund auf. Als lustiges Detail können Sie ihm später an der Wand auch noch eine Schlafmütze aufsetzen.

◆ Ein Vogelhaus mit Futterspender

Sie brauchen nicht unbedingt einen großen Garten, um ein Vogelhaus aufstellen zu können, ein Balkon oder sogar ein breites Fensterbrett reichen meistens genauso aus. Vögel am Futterhaus zu beobachten ist die reinste Freude, wie emsig die kleinen Kerle um ihr Futter bemüht sind und unentwegt hin und her fliegen. Vor allem für Kinder ist es immer wieder ein Erlebnis, die Natur aus nächster Nähe beobachten zu können.

Bei diesem Vogelhaus habe ich innen einen „Futterspender" eingebaut. Er verhindert, dass das ganze Futter auf einmal vorhanden ist. Da die Futterstelle im Inneren des Vogelhauses ist, bleibt das Futter bei Schnee und Regen trocken, und keine Angst, die Vögel finden das Futter schon. Ansonsten streuen Sie am Anfang der Futterzeit einige Körner auf den „Vorplatz".

Durch den aufklappbaren Deckel ist das Vogelhaus leicht wieder zu befüllen, zur Sicherung gegen Wind sollten Sie aber einen Verschluss anbringen. Ein einfacher Fensterhaken (gibt's in jedem Baumarkt) reicht vollkommen aus.

Mein Vogelhaus ist recht einfach gestaltet, Sie können hier aber Ihrer Fantasie freien Lauf lassen. Ob es einer Almhütte oder einem Designerhaus ähnlich sieht, ist den Vögeln herzlich egal.

Das brauchen Sie

2 x	Vorder- und Rückteil	230 x 300 x 20 mm
2 x	Seitenteile	260 x 170 x 20 mm
2 x	Dachteile	400 x 250 x 20 mm
2 x	Futterspender	260 x 160 x 20 mm
1 x	Boden	440 x 290 x 20 mm
1 x	Leiste	600 x 40 x 5 mm
1 x	Stangenscharnier	400 mm

Außerdem:
- einige Schrauben
- Lederstreifen

Und so wird's gemacht

1. Das Vogelhaus habe ich hier nur zusammengeschraubt. Die einzigen Schwierigkeiten sind der eingepasste Boden und die abgeschrägten Seiten- sowie Dachteile. Ansonsten dürfte Ihnen dieses Vogelhaus keine allzu großen Probleme beim Nachbauen bereiten. Wenn Sie die Einzelteile vorfertigen lassen, kommen Sie mit dem üblichen Handwerkzeug aus. Zum Vorbohren der Schraubenlöcher und Eindrehen der Schrauben sind eine Bohrmaschine und ein Akkuschrauber sehr hilfreiche Elektrowerkzeuge.

2. Legen Sie als Erstes an Vorder- und Rückteil die Dachschräge (ca. 35°) fest. Übertragen Sie den Winkel auf das Schrägmaß und zeichnen Sie damit alle Dachschrägen an. Schneiden Sie das Restholz ab und glätten Sie anschließend die Schnittkanten mit dem Putzhobel.

3. Am Vorderteil wird der „Eingang" mit ca. 15-20 cm. Breite und etwa 12-15 cm Höhe angezeichnet und mit Band- oder Stichsäge ausgeschnitten. Glätten Sie die Schnittkanten mit dem Schleifpapier.

4. Stellen Sie das Vogelhaus, ohne Boden und Dach, provisorisch zusammen und zeichnen Sie den Winkel der Seitenteile an. Mit dem vorher eingestellten Schrägmaß kann der Winkel ebenfalls auf die Seitenteile übertragen werden. Wenn Sie über eine Kreissäge mit schwenkbarem Sägeblatt oder über eine Abrichthobelmaschine verfügen, können Sie dort den nötigen Winkel einstellen, ohne vorher anzeichnen zu müssen.

5. Der „Rohbau“ unseres Vogelhauses ist nun fertig zum Zusammenbauen. Bohren Sie die Löcher für die Schrauben vor, da das Holz ansonsten reißen und splittern kann. Spannen Sie die Einzelteile mit Klemmzwingen fest, das verhindert ein Verrutschen der Teile beim Eindrehen der Schrauben.

6. Damit der Boden von außen nicht zu sehen ist, habe ich ihn passgenau eingeschnitten. Schneiden Sie dazu den Boden mit etwas Übermaß zu und stellen anschließend das Vogelhaus auf diese Platte. Jetzt reißen Sie die Innenkanten auf die Bodenplatte an. beachten Sie dabei, dass das Vogelhaus eine kleine „ Terrasse" bekommt. Schneiden Sie anhand der Risse die Bodenplatte aus und fügen Sie diese in das Vogelhaus ein. Etwas wasserfester Leim kann dabei nicht schaden. Von außen wird der Boden abschließend noch festgeschraubt.

7. Bevor das Dach montiert wird, muss noch der Futterspender eingebaut werden. Hobeln Sie an die Kanten der vorbereiteten Bretter die notwendige Schräge und setzen Sie diese in das Vogelhaus ein. Bohren Sie anhand der vorher angezeichneten Hilfslinien vor und schrauben Sie den Futterspender von außen fest.

8. Jetzt kann mit dem Dach begonnen werden. Legen Sie einen Dachteil auf das Vogelhaus und markieren Sie mit dem Winkelhaken die Schräge. Diese muss nun an beiden Dachteilen abgenommen werden.

9. Um das Dach später hochklappen zu können, habe ich ein Stangenscharnier (gibt's im Handwerkermarkt) eingebaut. Wenn damit beide Dachteile miteinander verschraubt sind, können Sie das Dach probeweise auf das Vogelhaus legen und die Passgenauigkeit und Gängigkeit der Klappe überprüfen. Wenn alles passt, können Sie jetzt eine Dachhälfte fix mit dem Vogelhaus verschrauben (vorbohren nicht vergessen).

10. Damit die Dachklappe nicht vom Wind geöffnet werden kann, muss eine Sicherung angebracht werden. Ich habe hier einen Fensterhaken verwendet, den es in jedem Baumarkt zu kaufen gibt. Der Haken wird am Dachteil und die Öse am Seitenteil eingeschraubt. Dieser einfache Verschluss ist als Windsicherung vollkommen ausreichend.

11. Damit das Futter nicht verstreut wird (und zusätzlich als „Landehilfe"), habe ich noch eine Leiste rund um die „Terrasse" angebracht. Diese wird mit Leim und kleinen Nägeln befestigt. Da das Vogelhaus im Freien aufgestellt wird, muss es nicht unbedingt fein geschliffen werden. Eine Hobeloberfläche reicht vollkommen aus. Scharfe Kanten sollten aber trotzdem mit Schleifpapier abgerundet werden.

12. Streichen Sie abschließend das Vogelhaus nur mit umweltfreundlicher, biologischer Imprägnierung. Die Vögel werden es Ihnen danken.

Damit das Stangenscharnier nicht zu rosten beginnt und außerdem kein Wasser in das Vogelhaus dringen kann, habe ich nach dem Imprägnieren noch einen Lederstreifen über den Dachfirst geklebt.

◆ Ein Beistelltisch im Landhausstil

Ob als Blumenständer, zum Ablegen von Zeitungen, als Kerzentisch oder auch als Telefontisch, für einen Beistelltisch findet sich immer die passende Verwendung.

Diesen Tisch habe ich, wie auch schon die Blumenbank, aus alten Fußbodenbrettern angefertigt. Gealtertes Holz hat eine wesentlich intensivere Färbung und ist meist härter und vor allem spröder als neues Holz. Prüfen Sie altes Holz vor der Verarbeitung besonders genau, denn Nägel, eingetretene Sandkörner und sonstige Verschmutzungen setzen der Werkzeugschneide arg zu. Schneiden Sie das Holz mit reichlich Übermaß zu, denn oft sind erst nach dem Hobeln Holzfehler und Risse erkennbar.

Die Platte dieses Tisches habe ich rund ausgeschnitten, Sie können aber genauso gut z.B. eine achteckige Platte anbringen. Die Platte habe ich bei diesem Tisch mit Holzdübeln am Tischgestell befestigt. Dieser Beistelltisch ist relativ leicht anzufertigen, für die Holzverbindungen reicht eine Grundausstattung an Handwerkzeugen völlig aus. Das alte Holz und der rustikale Charakter verzeihen auch so manche Ungenauigkeit in der Verarbeitung.

Das brauchen Sie

1 x	Platte	350 x 350 x 25 mm
1 x	Tischsäule	55 x 55 x 730 mm
2 x	Querstreben	300 x 60 x 20 mm
2 x	Tischfüße	350 x 60 x 20 mm

Außerdem:
- einige Holzdübel und etwas Holzleim

Und so wird's gemacht

1. Beginnen Sie mit den Kreuzüberplattungen für Tischfuß- und Plattenhalterung. Die Rundungen und Fasen an Fuß und Halterung werden erst später ausgeschnitten, so können Sie die einzelnen Holzteile besser einspannen und bearbeiten.

Reißen Sie die Verbindungen an und markieren Sie zur besseren Übersicht die Teile, die wegfallen sollen, mit dem Bleistift. So erhalten Sie einen besseren Überblick und vermeiden Fehler beim Ausschneiden.

2. Mit der Hand- oder der Feinsäge werden die Verbindungen eingeschnitten und mit einem scharfen Stemmeisen ausgestemmt. Die Schnittkerbe soll immer auf der Seite liegen, die später wegfallen wird. Idealerweise soll an den fertig ausgeschnittenen Teilen noch die Hälfte des Bleistiftrisses zu sehen sein.

3. Fügen Sie die Holzverbindungen probeweise zusammen und bessern Sie diese gegebenenfalls mit einem gut geschärften Stemmeisen nach, bis sie einwandfrei passen. Die Verbindung soll sich noch gut mit der Hand (evtl. durch leichte Hammerschläge) zusammenfügen lassen. Sie darf aber auch nicht zu locker sein und wackeln.

4. Jetzt wird die Verbindung an der Tischsäule angerissen und wie schon vorher die Überplattung eingeschnitten und ausgestemmt. Wenn Sie über eine Bandsäge oder eine Tischkreissäge verfügen, können Sie natürlich auch damit die Verbindung einschneiden. Auch bei der Tischsäule wird die Fase erst später angehobelt.

5. Fügen Sie Querstreben, Tischsäule und Tischfüße probeweise (ohne Leim) zusammen und überprüfen Sie die Passgenauigkeit der Holzverbindungen. Jetzt sieht man schon deutlich, wie der Tisch später aussehen wird.

6. Nachdem alle Teile wieder auseinandergenommen worden sind, werden an den Querstreben und am Tischfuß die geschwungenen Ausnehmungen angezeichnet. Für einen sicheren Stand können später kleine Plättchen an die Unterseite des Tischfußes genagelt werden. Sie brauchen jeweils nur eine Hälfte anzeichnen, diese kann dann als Schablone verwendet werden, oder Sie fertigen eine Schablone aus Karton und zeichnen damit alle Teile an.

Mit der Bandsäge werden die Teile ausgeschnitten und anschließend mit dem Schabhobel und der Schlichtfeile nachgeputzt. Mit Schleifpapier können nun alle Flächen und Kanten fertig geschliffen werden.

♦ **Tipp:** Schneiden Sie für die Rundungen eine Schablone aus Karton aus. Damit können alle Teile angezeichnet werden.

7. Wenn die Holzverbindungen so weit fertig gestellt sind, kann jetzt an der Tischsäule eine kräftige Fase angehobelt werden.

Damit der untere Abschluss der Säule nicht plump aussieht, habe ich mit einem Rundstemmeisen eine Hohlkehle eingestemmt. Die Tischsäule kann jetzt fertig geschliffen werden.

8. Sind alle Teile geschliffen, können Sie mit dem Zusammenbau beginnen. Dazu bestreichen Sie die zu verleimenden Teile mit Holzleim und fügen alle Teile zusammen. Überschüssigen Leim anschließend mit einem feuchten Tuch entfernen. Wenn die Holzverbindungen exakt ausgearbeitet worden sind, brauchen Sie, im Idealfall, keine Klemmzwingen anzusetzen.

Kontrollieren Sie unbedingt, noch bevor der Holzleim zu trocknen beginnt, die Rechtwinkeligkeit der verleimten Teile und korrigieren Sie evtl. nach.

9. Während der Leim trocknet, haben Sie jetzt Zeit zum Ausschneiden der Platte. Ermitteln Sie durch Anzeichnen der Diagonalen den Mittelpunkt der Platte. Von diesem Punkt aus wird mit dem Zirkel ein Kreis gezogen. Achten Sie beim Ausschneiden auf eine genaue Schnittführung, das erleichtert Ihnen das anschließende Ebenputzen der Schnittkanten mit Schabhobel und Schleifpapier.

10. Die Platte wird mit Holzdübeln am Tischgestell befestigt. Dazu bohren Sie zuerst an den Querstreben Löcher für die Holzdübel vor. In diese Löcher werden Dübelspitzen gesteckt und damit die genaue Lage der Bohrlöcher auf die Unterseite der Tischplatte übertragen. Bohren Sie jetzt die Löcher an der Tischplatte. Zur Begrenzung der Bohrtiefe gibt es im Fachhandel spezielle Ringe, die auf den Bohrer aufgeschraubt werden können. Sie können aber auch mit einem Klebestreifen die Bohrtiefe am Bohrer markieren.

♦ **Tipp:** Falls Sie keine Dübelspitzen zur Hand haben, können Sie sich mit einfachen Nägeln behelfen. Schlagen Sie dazu kleine Nägel an der Stelle, an der die Dübellöcher gebohrt werden sollen, ein. Mit einer Beißzange werden einige Millimeter über der Holzoberfläche die Nagelköpfe abgezwickt. Legen Sie jetzt die Platte auf das Tischgestell und drücken Sie diese fest. An den Einstichlöchern können Sie jetzt die Dübellöcher bohren.

11. Jetzt werden die Holzdübel in die Löcher geleimt und Platte und Tischgestell miteinander verbunden. Schlagen Sie die Holzdübel immer vorsichtig in das Holz, achten Sie vor allem bei dünnen Wandstärken darauf, dass das Holz durch den Einschlagdruck nicht reißt.

12. Als Oberflächenbehandlung habe ich für diesen Beistelltisch Antikwachs gewählt. Das gibt dem alten Holz eine zusätzliche Patina (Alterungseffekt). Tragen Sie das Wachs mit dem Pinsel ruhig satt auf und wischen anschließend mit einem Tuch die Überreste nach. Um einen schönen, alten Charakter zu erhalten, darf in den Ecken und Kanten etwas mehr Wachs liegen bleiben. Nach dem Trocknen wird die Oberfläche mit einer Bürste mit Ledereinsatz gebürstet, dabei entsteht eine seidenmatt glänzende Oberfläche. Sollte das Ergebnis noch nicht Ihren Wünschen entsprechen, wiederholen Sie diesen Vorgang ein zweites Mal.

Ein platzsparender Gartentisch

Das Problem kennt wohl jeder Garten-, Balkon- und Terrassenbesitzer. Der Gartentisch kann während der Grill- und Gartensaison kaum groß genug sein, aber wohin damit im Herbst? Der Geräteschuppen ist schon vollgeräumt und in den Keller passt das Riesending sowieso nicht. Bauen Sie sich doch einfach einen Gartentisch, den man immer wieder zerlegen kann!

Ein sogenannter Schragentisch ist dafür am besten geeignet. Die Fußkonstruktion wird durch eine Kreuzüberblattung miteinander verbunden. Den stabilen Halt erreicht man durch den Mittelsteg mit Keilsicherung. Die Platte wird mit dem Tischgestell verschraubt. Der Tisch ist jederzeit wieder zerlegbar und kann platzsparend aufbewahrt werden.

Das brauchen Sie

4 x	Fußbretter	100 x 12 x 3 cm
1 x	Mittelsteg	160 x 12 x 5 cm
2 x	Zargen	90 x 6 x 4 cm
6 x	Bretter für die Platte	180 x 13 x 3 cm
2 x	Keile	10 x 5 x 2 cm

Und so wird's gemacht

1. Schneiden Sie die benötigten Teile laut der Materialliste zu. Abrichten und dickenhobeln und anschließend auf die richtige Länge schneiden. Die Fußbretter noch etwas länger lassen, da sie erst später auf die fertige Länge abgeschnitten werden. Die notwendigen Teile können Sie auch beim Holzfachhändler fertig gehobelt und geschnitten kaufen.

2. Um die exakte Schräge für das Fußgestell zu erhalten, zeichnen Sie zuerst auf einer Platte die Breite und die Höhe des Tisches an. Auf dem so entstandenen Rechteck legen Sie jetzt die Fußbretter in ihrer späteren Lage auf und zeichnen diese auf der Platte an. Nun können Sie die exakte Länge und den Winkel der Fußbretter von der Platte abnehmen und auf die Teile übertragen.

3. Stellen Sie das Schrägmaß (Schmiege) im entsprechenden Winkel ein und übertragen Sie diesen auf den Quer- bzw. Gehrungsanschlag auf der Kreissäge. Anschließend können Sie die Fußteile auf ihre fertige Länge abschneiden. Diese Arbeit kann natürlich auch mit der Bandsäge oder von Hand mit der Gestellsäge ausgeführt werden. Die Schnittflächen müssen dann aber noch mit dem Putzhobel nachgearbeitet werden.

4. Die eigentliche Holzverbindung bei diesem Gartentisch ist die Kreuzüberplattung, in die später ein durchgestemmter Zapfen mit Keilsicherung eingearbeitet wird.

Mit Hilfe der Schablone können Sie ganz einfach die Kreuzungspunkte auf die Holzteile übertragen. Winkelhaken, Schmiege und ein spitzer Bleistift sind dafür unerlässliche Werkzeuge.

♦ **Tipp:** Nach dem Anreißen markiere ich immer die Teile, die ausgeschnitten oder ausgestemmt werden sollen. Dadurch erhalte ich einen Überblick, wie die Verbindung aussehen soll, und laufe nicht Gefahr, von der falschen Seite in das Holz zu schneiden.

5. Auf der Tischkreissäge mit höhenverstellbarem Sägeblatt werden nun die Fußbretter eingeschnitten und der Rest auf der Hobelbank mit dem Stemmeisen sauber nachbearbeitet. Für diese Arbeit verwende ich auch öfters die Oberfräse, achten Sie dabei aber stets darauf, dass der Frästisch genügend Auflagefläche hat, nur so erhalten Sie eine völlig ebene Grundfläche.

6. Als Verbindung der beiden Gestellteile dient ein Steg, der an den Enden als durchgestemmter Zapfen ausgearbeitet wird. Da der Tisch wieder zerlegbar sein soll und darum nicht verleimt werden kann, müssen Sie zur Stabilisierung noch eine Keilsicherung einarbeiten.

Zeichnen Sie die Lage des Steges und des Zapfens an den Gestellteilen an. Die Stärke des Zapfens soll ca. die Hälfte der Stegdicke betragen.

Am Steg wird ebenso der Zapfen angezeichnet. Achten Sie darauf, den Zapfen lang genug zu lassen, damit später noch genügend Platz für die Keilsicherung bleibt.

7. Als Nächstes wird das Zapfenloch ausgestemmt und am Steg jeweils der Zapfen eingeschnitten sowie mit der Handsäge abgesetzt. Mit einem gut schneidenden Stemmeisen werden die Schnittflächen nachgebessert, bis der Zapfen exakt in das Zapfenloch passt.

8. Zum Anzeichnen der Keilsicherung wird das Tischgestell wieder zusammengesteckt. Auf der Außenseite des Zapfens wird die Lage des Keilloches markiert und anschließend ausgestemmt. Achten Sie darauf, dass der Keil später gut zieht und dadurch dem Tisch genügend Stabilität gibt.

9. Wenn alle Holzverbindungen, Zapfen und Keillöcher ausgearbeitet sind, können die Gestellteile fertig geschliffen werden. Um das Ausreißen des Holzes zu verhindern, wird auf die Unterseite der Füße eine stärkere Fase gehobelt. Der Zapfen mit Keillochsicherung sollte ebenfalls stärker abgefast bzw. abgerundet werden.

10. Als Platte für diesen Gartentisch habe ich einzelne Bretter durch Querleisten miteinander verschraubt. Sie können natürlich auch eine vollflächig verleimte Tischplatte verwenden, in diese muss aber eine Gratleiste eingesetzt werden, um das Verziehen zu verhindern.

11. Die Querleisten werden an den Enden abgeschrägt (um am Tisch auch bequem sitzen zu können), und die Löcher für die Schrauben werden mit einer Ständerbohrmaschine vorgebohrt (können auch frei gebohrt werden).

12. Legen Sie die Bretter für die Tischplatte auf und markieren Sie die Lage der Querleisten. Mit Schraubzwingen werden die Querleisten festgespannt und diese anschließend mit der Tischplatte verschraubt.

13. Im letzten Arbeitsschritt werden nun das Tischgestell und die Tischplatte mit Torband oder Schlossschrauben miteinander verschraubt. Dazu stellen Sie das Gestell auf die Platte und spannen es mit Klemmzwingen fest. Mit der Bohrmaschine werden die Löcher für die Schrauben vorgebohrt. Zuletzt werden die Schrauben eingesetzt und festgeschraubt.

14. Je nach Wunsch können Sie den Gartentisch noch streichen oder imprägnieren. Ich habe diesen Tisch unbehandelt gelassen, er soll durch Verwitterung eine graue Farbe annehmen.

Ein Bilderrahmen

Mit einer dekorativen Intarsie

Schon im 15. Jahrhundert fertigten Kunsttischler aufwändige Intarsienarbeiten. Sie verwendeten dafür wertvolle Hölzer und andere seltene Materialien wie z.B. Messing oder Schildpatt. Um auch farbliche Akzente setzen zu können, wurden die dünnen Holzstücke oft in Beize gekocht, um durchgehend gefärbtes Holz zu erhalten. Rote, gelbe, grüne oder auch tiefschwarze Furniere konnten so hergestellt werden. Die Meister vergangener Jahrhunderte verstanden es, daraus kunstvolle Landschafts-, Blumen- und auch Menschendarstellungen zu schaffen.

Die Intarsie an diesem Rahmen ist nicht ganz so aufwändig anzufertigen, sorgfältiges und genaues Arbeiten ist allerdings auch hier Voraussetzung. Bei der Wahl des Motivs steht Ihrer Kreativität nichts im Wege, beginnen Sie aber mit eher einfachen Motiven.

Der Rahmen ist aus massivem Kirschholz angefertigt und zur zusätzlichen Stabilisierung über Eck mit Furnierstreifen gesichert.

Das Holz habe ich von einem alten Bett, das niemand mehr haben wollte. Besonders altes Kirsch- und Nussholz hat eine wesentlich intensivere Färbung als neues Holz. Es ist aber auch viel härter und dadurch schwieriger zu bearbeiten.

Das brauchen Sie

4 x	Leisten	400 x 50 x 15 mm
1 x	Ahornplättchen für die Intarsie	ca. 50 x 50 x 5 mm

Diese Maßangaben sind nur eine Richtlinie, Sie können den Rahmen natürlich in jedem für Sie passenden Ausmaß anfertigen.

Und so wird's gemacht

1. Bei einem Rahmen werden die Leisten auf Gehrung miteinander verbunden. Zum Schneiden der Gehrung (normalerweise 45°) gibt es verschiedene Werkzeuge. Am einfachsten werden Gehrungen mit der Feinsäge und einer Schneidelade geschnitten. Da die Säge dabei nur recht lose geführt wird, ist der Gehrungswinkel aber meist eher ungenau. Ein besseres Ergebnis erzielen Sie mit einer speziellen Gehrungssäge. Die Gehrungssäge hat eine stabile Metallführung und Sie können den Schnittwinkel stufenlos einstellen.

2. Wenn Sie öfter mit Holz arbeiten wollen, lohnt sich sicherlich die Anschaffung einer elektrischen Kapp- und Gehrungssäge. Sie ist stufenlos verstellbar und meistens kann das Sägeblatt geschwenkt werden. Mit der Gehrungssäge können Sie beinahe jeden Winkel exakt schneiden.

3. Bevor der Rahmen zusammengeleimt wird, muss noch ein Falz eingefräst werden.

Er bietet später den Platz für Glas und Rückwand. Das Einfräsen des Falzes kann mit einer Fräsmaschine oder mit der Handoberfräse ausgeführt werden. Wenn Sie über keine der beiden Maschinen verfügen, können Sie den Falz notfalls auch mit dem Falzhobel händisch herstellen.

4. Zum Verleimen des Rahmens werden die Rahmenleisten an den Schnittstellen mit Leim bestrichen und mit Gehrungsklammern festgespannt. Der Fachhandel bietet außer den hier verwendeten Gehrungsklammern noch einige andere Einspannhilfen für Rahmen an. Es gibt z.B. Spanngurte mit speziellen Eckhalterungen oder auch Klemmzwingen, die über Eck verwendet werden können.

♦ **Tipp:** Hirnholz (Gehrungsschnitte) ist viel saugfähiger als Längsholz. Daher können nur wenig belastbare Verbindungen hergestellt werden. Bestreichen Sie darum immer beide Schnittstellen mit Leim, so erreichen Sie ein besseres Ergebnis.

5. Zur Sicherung der Gehrung habe ich bei diesem Rahmen an den Kanten Furnierstreifen eingefügt. Sie bieten eine größere Leimfläche und verhindern, dass sich die Gehrung löst. Zuerst werden die Einschnitte mit dem Streichmaß an allen vier Ecken angerissen und dann mit der Hand- oder Feinsäge eingeschnitten.

6. In diese Schnitte wird jetzt ein genau passender Furnierstreifen eingeleimt. Nach ausreichender Trockenzeit können Sie nun die Kanten fertig bearbeiten. Der Bilderrahmen kann anschließend fertig geschliffen und, falls Sie keine Intarsie einarbeiten, oberflächenbehandelt werden.

Ich habe hier als dekoratives Element noch eine einfache Intarsienarbeit eingefügt.

7. Auf ein dünnes (ca. 5 mm) Ahornplättchen wird das gewünschte Motiv aufgezeichnet. Das Motiv kann jetzt mit einer Laubsäge ausgeschnitten werden. Halten Sie dabei die Laubsäge leicht schräg, damit die Schnittkante leicht konisch nach innen läuft. Dadurch werden leichte Unregelmäßigkeiten später ausgeglichen. Das Motiv wird anschließend auf den Rahmen übertragen. Mit der Oberfräse und einem sehr kleinen Fräser (4 mm) können Sie jetzt das Motiv ausfräsen. Gehen Sie dabei aber sehr vorsichtig vor. Ursprünglich hat man mit einem feinen Messer die Konturen nachgeschnitten und mit einem Stemmeisen ausgearbeitet. Wenn das ausgeschnittene Teil exakt in die Ausnehmung passt, wird es mit Holzleim festgeleimt. Verwenden Sie dabei immer saubere Zulagen, um Druckstellen zu vermeiden. Nachdem der Leim getrocknet ist, wird mit dem Putzhobel die Fläche geglättet und mit Schleifklotz und Schleifpapier geschliffen.

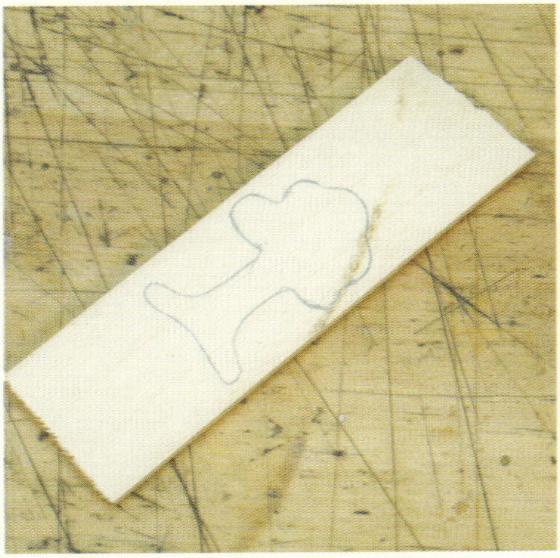

8. Zum Abschluss wird noch die Oberflächenbehandlung durchgeführt. Bei diesem Rahmen aus Kirschholz habe ich mich für eine Mischung aus Leinölfirnis und Balsamterpentin entschlossen. Es ist einfach aufzutragen und feuert die Maserung und Farbe schön an. Nach dem Ölen können Sie auch noch Holzwachs auftragen, das bietet zusätzlichen Schutz und verleiht dem Holz eine seidig glänzende Oberfläche.

◆ Eine Kassette mit Klappdeckel

Zur Aufbewahrung allerlei Kleinigkeiten wie Fotos, Nähzeug, Schreibutensilien und Schmuck ist eine Kassette eine praktische und vor allem sehr dekorative Verwendungsmöglichkeit. Diese Kassette ist mit einer Zinkenverbindung ausgeführt, Klappe und Boden wurden dabei in die Konstruktion integriert. Als Scharnier für den Deckel habe ich hier einfache Holzstifte verwendet, diese sind von außen sichtbar eingebohrt. Somit ist diese Kassette zur Gänze aus Holz verarbeitet, ohne Nägel oder Schrauben.

Für diese Kassette habe ich Birnbaumholz verwendet. An dem sehr gleichmäßigen Holz kommt die Zinkenverbindung gut zur Geltung.

Das brauchen Sie

2 x	Seitenteile	250 x 140 x 14 mm
1 x	Vorderteil	200 x 120 x 14 mm
1 x	Rückteil	200 x 140 x 14 mm
1 x	Deckel	235 x 170 x 14 mm
1 x	Boden	235 x 185 x 5 mm
2 x	Holzstifte	50 x 4 mm

Und so wird's gemacht

1. Diese Zinkenverbindung mit eingenutetem Boden und innen anschlagendem Deckel ist etwas aufwändiger anzufertigen als das vorher beschriebene Tablett und erfordert einiges an Konzentration sowie sicheren Umgang mit Säge und Stemmeisen. Stellen Sie daher, wenn alle Teile gehobelt und zugeschnitten sind, die einzelnen Teile lose zusammen. So bekommen Sie einen guten Überblick, wie die Kassette aussehen soll und auf welche Details Sie Acht geben müssen.

2. Teilen Sie die Zinken wie auf Seite 69 beschrieben ein und reißen Sie diese an. Achten Sie dabei auf die spätere Lage des Bodens. Markieren Sie alle Teile, die ausgeschnitten oder ausgestemmt werden sollen, so behalten Sie leichter den Überblick und vermeiden unnötige Fehler.

3. Das Ausschneiden und Ausstemmen der Zinken sollte Ihnen nun keine allzu großen Schwierigkeiten mehr bereiten. Beachten Sie, dass der letzte Zinken bzw. Schwalbenschwanz noch frei gelassen und erst nach dem Ausarbeiten der Zinkenverbindung auf Gehrung eingeschnitten und ausgestemmt wird!

4. Wenn die Zinken und Schwalben fertig ausgearbeitet sind, muss jetzt jeweils der unterste Zinken bzw. Schwalbenschwanz auf Gehrung geschnitten und ausgestemmt werden. Dadurch ist die Nut für den Boden an der fertigen Kassette nicht mehr zu sehen.

5. Als Nächstes wird die genaue Lage des Scharnierstiftes für den Deckel ausgemessen und angezeichnet. Messen Sie als Erstes die Lage des Deckels aus und zeichnen Sie diese an. Der Drehpunkt für den Scharnierstift liegt nun genau in der Brettmitte und die halbe Brettstärke vom Kassettenrückteil entfernt.

6. Bohren Sie an dieser Stelle jeweils ein Loch in die Seitenteile sowie in die Kante des Deckels.

Soll das Scharnier von außen nicht sichtbar sein, dürfen Sie die Löcher an den Seitenteilen nicht ganz durchbohren. Sie müssen dann aber auch beim Zusammenbauen der Kassette den Deckel schon mit einbauen. Wenn Sie noch nicht so viel Erfahrung im Werken mit Holz haben, ist es sicherlich leichter, den Deckel erst später einzusetzen und das Scharnier sichtbar zu gestalten.

7. Da der Deckel nun direkt an der Rückseite anliegen würde und dadurch nicht zu öffnen wäre, muss die hintere Kante des Deckels abgerundet werden. Da der Deckel keinen Griff bekommen soll, muss an der Vorderkante mit der Handoberfräse eine Ausnehmung (Griffmuschel) eingefräst werden.

8. Vor dem Zusammenbauen werden die Innenseiten fertig geschliffen. Zum Verleimen bestreichen Sie die Schnittflächen der Zinken und Schwalben mit Leim und setzen Sie die Teile zügig zusammen. Der Boden und evtl. der Deckel muss jetzt mit eingebaut werden. Holzleim hat meist eine relativ kurze Abbindzeit (das ist die Zeit, bis der Leim zu trocknen beginnt). Arbeiten Sie deshalb beim Verleimen zügig und konzentriert. Bereiten sie schon vorher alle nötigen Teile (Zwingen, Zulagen usw.) vor.

9. Wenn der Holzleim gut ausgetrocknet ist, müssen alle Außenseiten mit dem Putzhobel geglättet und anschließend mit Schleifklotz und Schleifpapier fertig geschliffen werden. Dafür können Sie auch eine elektrische Schleifmaschine (Rutscher) verwenden.

10. Nachdem die Kassette geölt, lackiert usw. worden ist, wird zuletzt der Deckel eingesetzt und durch zwei Holzstifte befestigt. Als Scharnierstifte können Sie handelsübliche Holzdübel oder selbst hergestellte Holzstifte verwenden. Wenn Sie dafür ein andersfarbiges Holz (heller oder dunkler) auswählen, erhält die Kassette damit einen zusätzlichen optischen Reiz.

◆ Ein Tablett für Balkon und Garten

Vollgefüllte Tablette über einen längeren Weg von der Terrasse in die Küche zu tragen ist oft ein nervenaufreibender Balanceakt.

Sicherlich ist auch Ihnen dabei schon so manches wertvolle Glas zu Bruch gegangen.

Bei diesem Tablett habe ich deshalb die Seitenteile etwas höher ausgeführt, das bietet mehr Halt und ein sichereres Gefühl beim Tragen. Die Holzauswahl (Kirschbaum) und die Zinkenverbindung machen das Tablett zu einem Blickfang auf Balkon und Terrasse. Die geölte Oberfläche verleiht dem Tablett einen natürlichen Charakter. Sie können die Seitenteile auch noch höher ausführen und aus dem Tablett wird eine dekorative Kiste für so manche Kleinteile. Bei diesem Tablett ist der Boden stumpf aufgeleimt, er kann aber auch eingenutet oder in einen Falz eingesetzt werden.

Das brauchen Sie

2 x	Seitenteile	400 x 90 x 14 mm
2 x	Griffteile	250 x 130 x 14 mm
1 x	Boden	400 x 250 x 10 mm

Und so wird's gemacht

1. Schneiden Sie die notwendigen Teile mit etwas Übermaß zu. Anschließend werden die Holzteile mit Abricht- und Dickenhobelmaschine geglättet und rechtwinkelig gehobelt. Diese Arbeit kann auch mit der Raubank (langer Handhobel) und dem Putzhobel erledigt werden, das ist allerdings eine recht mühevolle Arbeit. Wenn Sie über keine Hobelmaschine verfügen, ist es am einfachsten, wenn Sie die benötigten Teile beim Tischler anfertigen lassen.

2. Nun werden jeweils die rechte Seite und die rechte Kante mit Bleistift markiert (Winkelzeichen). Die rechte Seite soll später jeweils innen und die rechte Kante oben sein. Wenn Sie das immer beachten, können Sie die Einzelteile nicht verwechseln. Die Zinkenteilung wird, wie auf Seite 69 beschrieben, ausgerechnet und auf die Holzteile übertragen. Schraffieren Sie die Teile, die später ausgestemmt werden sollen, so vermeiden sie unnötige Fehler.

3. Beginnen Sie vorsichtig mit dem Einschneiden der Zinken. Die Schnittkerbe soll immer auf der Seite liegen, die später wegfallen wird. Lassen Sie beim Schneiden anfangs den Daumen auf dem Sägeblatt liegen, so verhindern Sie, dass das Sägeblatt aus dem Schnitt springen kann.

4. Zum Ausstemmen der Zinken und der Schwalben müssen die Teile mit einer Klemmzwinge festgespannt werden (Zulagen nicht vergessen!).

Das Ausstemmen der Zinkenverbindung erfordert neben genauem Arbeiten auf alle Fälle gut geschärftes Handwerkzeug (Stemmeisen).

5. Sind die Zinken ausgestemmt, werden damit am Gegenstück die Schwalbenschwänze angezeichnet. Um die Teile später nicht zu verwechseln, können Sie diese zusätzlich zum Winkelzeichen noch nummerieren. Anschließend werden, wie schon zuvor die Zinken, nun auch die Schwalbenschwänze eingeschnitten und ausgestemmt.

6. Wenn alle Teile ausgestemmt sind, können Sie jetzt das Tablett probeweise, ohne Leim, zusammenbauen. Dabei wird die Gängigkeit der Zinkenverbindung überprüft und gegebenenfalls nachgebessert. Die Verbindung soll sich gut von Hand zusammenfügen. Nach dem Anfertigen der Zinkenverbindung werden an den Griffteilen die Rundungen ausgemessen und angezeichnet. Diese werden anschließend mit der Bandsäge oder mit der Stichsäge ausgeschnitten.

7. Zum Bohren der Grifflöcher müssen die Teile fest eingespannt werden. Mit der Bohrmaschine und einem Forstnerbohrer (ca. 20 mm Durchmesser) werden anschließend die Löcher ausgebohrt. Der Rest wird mit der Stichsäge sauber ausgeschnitten und mit einer Holzfeile (Schlichtfeile) und Schleifpapier geglättet.

♦ **Tipp:** Legen Sie ein Stück Restholz unter das auszubohrende Teil und spannen Sie beide fest. Somit vermeiden Sie Beschädigungen an der Hobelbank und erhalten darüber hinaus ein ausrissfreies Bohrloch.

8. Zum Zusammenbauen des Tablettes werden die Zinken und Schwalbenschwänze mit Leim bestrichen. Fügen Sie dann die Teile vorsichtig zusammen. Wenn nötig, wird die Verbindung mit Klemmzwingen festgespannt. Überschüssiger Leim wird mit einem feuchten Tuch entfernt. Vergessen Sie nicht darauf, den rechten Winkel zu prüfen und gegebenenfalls zu korrigieren.

9. Wenn der Leim trocken ist, kann der Boden aufgesetzt werden. Ich habe hier eine Sperrholzplatte verwendet, die stumpf aufgeschraubt wurde. Der Boden kann aber auch eingenutet oder eingefälzt werden, das müssen Sie aber beim Einteilen der Zinkenverbindung berücksichtigen (siehe Werkbeispiel Kassette).

Bohren Sie die Löcher für die Schrauben mit einem Holzbohrer vor. Mit dem Ausreiber (Krauskopf) werden die Löcher ausgerieben, damit später die Schrauben nicht vorstehen.

10. Anschließend werden die Außenseiten des Tablettes mit dem Putzhobel und mit Schleifpapier fertig behandelt. Beginnen Sie mit Schleifpapier der Körnung 120, als Abschluss empfiehlt sich Körnung 180 oder feiner. Achten Sie darauf, dass alle Kanten gebrochen (mit Schleifpapier leicht abgerundet) sind und das Holz eine saubere Oberfläche ohne Kratzer und Dellen aufweist.

11. Als Oberflächenbehandlung verwende ich bei kleineren Werkstücken, die weder der Witterung noch einer starken Beanspruchung ausgesetzt sind, selbst gemischtes Holzöl und Holzwachs. Mit einem Tuch wird dazu das Holzöl gleichmäßig aufgetragen. Rückstände müssen nach kurzer Einwirkzeit entfernt werden. Falls die Fläche nicht ausreichend glatt ist, schleifen Sie mit Schleifpapier Körnung 400-600 nach und ölen Sie das Tablett erneut. Nach dem Ölen kann die Oberfläche mit Holzwachs behandelt werden.

◆ Ein eleganter, zeitloser Blumentisch

Spitz zulaufende Füße sind ein zentrales Gestaltungselement aus der Zeit des Klassizismus (ca. 1790) und der Biedermeierzeit (1815–1840).

Auch die sehr geradlinigen Formen dieses Tisches erinnern an die einfachen schnörkellosen und geradlinigen Biedermeiermöbel.

Das elegante und sehr lebhafte Nussholz und die sichtbar ausgearbeitete Schlitz- und Zapfenverbindung machen die Besonderheit dieses Möbelstückes aus.

Der Holzauswahl kommt bei diesem Tisch große Bedeutung zu, einerseits „lebt" der Tisch vom edlen Nussholz, andererseits muss das Holz auch gut abgelagert und ausreichend getrocknet sein, um sich später nicht zu verziehen. Die Oberfläche ist wie die meisten der hier vorgestellten Werkstücke lediglich geölt und gewachst, das belässt dem kräftigen Nussholz seine Natürlichkeit.

Das brauchen Sie

1 x	Platte	250 x 250 x 50 mm
4 x	Füße	1100 x 30 x 30 mm

Und so wird's gemacht

1. Der Tisch bietet in handwerklicher Hinsicht keine allzu großen Schwierigkeiten. Dennoch sollten Sie die Schlitz- und Zapfenverbindung exakt ausarbeiten, denn daran werden so manche (hoffentlich neidvolle) Blicke haften bleiben. Genau genommen handelt es sich bei dieser Holzverbindung um eine Mischung aus Schlitz und Zapfen und einer stumpfen Überplattung. Mit dem Streichmaß wird einerseits die Stärke der Füße und andererseits die Zapfenstärke eingestellt und an Füßen und Platte angerissen. Das Streichmaß besitzt zwei verstellbare „Zungen", womit unterschiedliche Holzstärken gleichzeitig eingestellt werden können. Somit können Sie an diesem Blumentisch in einem Arbeitsgang die Dicke der Füße und die Stärke des Zapfens anreißen.

♦ **Tipp:** Risse mit dem Streichmaß sollen nur leicht auf das Holz aufgetragen werden, denn der Stahlstift am Streichmaß hinterlässt bei festem Andrücken tiefe Kratzspuren im Holz, die nur mehr schwer wegzuschleifen sind.

2. Die Schlitz- und Zapfenverbindung kann traditionell mit der Handsäge oder auf der Tischkreissäge ausgearbeitet werden. Dabei ist es wichtig, dass die Schnittbreite (= Sägeblattdicke) immer auf der Seite liegt, die später ausgestemmt wird. Idealerweise soll nach dem Einschneiden der Bleistift- bzw. Streichmaßriss noch zur Hälfte stehen bleiben.

3. Erst wenn die Schlitz- und Zapfenverbindungen fertig ausgearbeitet sind, können die Füße zugespitzt werden. Mit einem langen Lineal wird die Schräge angezeichnet und mit der Bandsäge ausgeschnitten. Sie können dazu natürlich auch die Tischkreissäge oder eine Stichsäge verwenden.

4. Die Schnittflächen werden anschließend mit dem Putzhobel geglättet. Falls Sie eine Raubank besitzen, können Sie diese auch dafür verwenden, durch die lange Auflagefläche (Hobelsohle) werden Sie damit eine sehr ebene und gleichmäßige Fläche erhalten.

5. Vor dem Zusammenbau werden alle Teile fertig geschliffen. Kanten werden mit einmal gefaltetem Schleifpapier von Hand „gebrochen“ das heißt leicht abgerundet. Überprüfen Sie, bevor Sie die Verbindungen verleimen, noch einmal die Passgenauigkeit der Teile und bessern notfalls nach. Legen Sie sich vor dem Verleimen alle notwendigen Teile zurecht, um anschließend keine Zeit zu verlieren. Die Holzverbindungen werden anschließend mit Leim bestrichen und zusammengefügt. Gehen Sie bei dieser Arbeit konzentriert und zügig vor, damit der Leim nicht während der Verleimung eintrocknet.

Da die Füße spitz zulaufen, kann der rechte Winkel nur schwer nachgemessen werden, vertrauen Sie dabei auf Ihr Augenmaß!

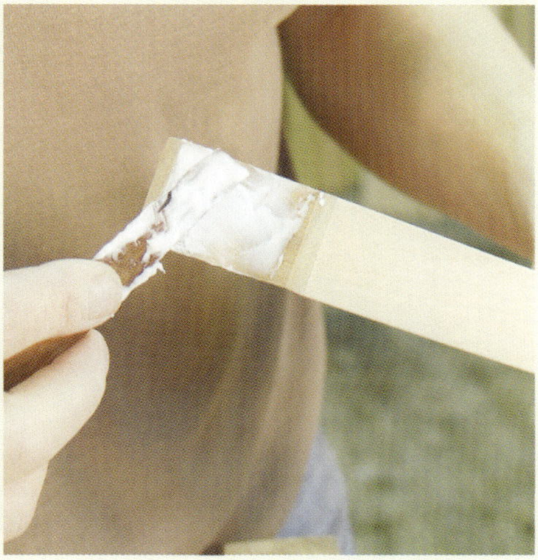

6. Nachdem der Leim getrocknet ist, können Sie die Holzverbindungen mit dem Putzhobel verputzen. Spannen Sie dabei das Werkstück ein und achten Sie darauf, dass das Holz nicht ausreißt. Ein gut geschärfter Putzhobel ist dafür unerlässlich. Die Hobelflächen müssen nun noch einmal geschliffen werden. Vor der abschließenden Oberflächenbehandlung kontrollieren Sie noch einmal alle Flächen und Kanten und bessern Sie gegebenenfalls nach.

7. Nussholz eignet sich genau wie Kirschholz besonders gut für eine geölte und gewachste Holzoberfläche. Das Öl hebt die Farbe und Maserung des Holzes gut hervor und es behält seinen natürlichen Charakter. Man nennt dies das „Anfeuern" des Holzes. Der Fachhandel bietet ein umfangreiches Angebot an verschiedenen Holzölen, darunter auch viele auf biologischer Basis. Bei der Verarbeitung ist das Tragen von Schutzhandschuhen trotzdem empfehlenswert.

8. Der Blumentisch besticht durch seine Einfachheit und schlichte Eleganz. Das stark gemaserte Nussholz und die sichtbar ausgearbeitete Holzverbindung geben dem Blumentisch die besondere Note. Ein Werkstück, das auch Holzhandwerksanfänger leicht anfertigen können.

Ein Stockerl

In vergangenen Zeiten gab es am bäuerlichen Tisch keine Sessel, sondern nur einfache sogenannte „Fürbänke". Das hatte den Grund, dass – besonders zur Erntezeit, wenn viele Leute um den Tisch saßen – keine zusätzlichen Sessel organisiert werden mussten.

Diese „Fürbänke" bestehen hauptsächlich aus einem Sitzbrett, in das vier Füße eingebohrt sind. Damit das Sitzbrett sich nicht verziehen kann, wird zusätzlich eine Gratleiste eingesetzt. Die Füße sind so eingearbeitet, dass sie nach zwei Seiten, nämlich vorne bzw. hinten und nach außen, schräg stehen. Dadurch entsteht beim Draufsitzen eine Keilwirkung und die Bank hat trotz oft wackeliger Füße eine gute Stabilität.

Der Schaft der Füße muss rund ausgearbeitet werden. Wenn Sie selber über keine Drechselbank verfügen, lassen Sie diese Arbeiten von einer Drechslerei oder einem Tischlereibetrieb ausführen. Alle anderen Arbeiten können mit der normalen Grundausstattung an Handwerkzeugen erledigt werden.

Das brauchen Sie

1 x	Sitzbrett	450 x 300 x 30 mm
2 x	Gratleiste	300 x 70 x 30 mm
4 x	Füße	450 x 45 x 45 mm

Die angegebenen Maße können Sie natürlich nach Ihren Wünschen verändern. Behalten Sie aber eine Sitzhöhe von ca. 45 cm bei.

Und so wird's gemacht

1. Ob Sie zuerst die Füße oder die Sitzfläche anfertigen, bleibt Ihnen überlassen. Hobeln und schneiden Sie auf alle Fälle das erforderliche Material auf das benötigte Maß zu.

Die Gratleiste soll ein späteres Verziehen der Sitzfläche verhindern. Trotzdem ist es ratsam, die Sitzfläche in der Breite aus mehreren Teilen zu verleimen (Kern an Kern, Splint an Splint). Reißen Sie die Gratleiste an der Unterseite der Sitzfläche an. Die Grattiefe soll ca. ein Drittel der Dicke der Gratleiste betragen (Gratleistendicke = 30 mm/Grattiefe = 10 mm). Der Winkel des Grates beträgt normalerweise 70-75°. Damit der Grat gut „zieht", wird er leicht konisch ausgearbeitet.

2. Sie können den Grat mit speziellem Gratwerkzeug (Gratsäge und Grundhobel) oder mit der Oberfräse und einem Gratfräser ausnehmen. Dazu müssen die Teile gut festgespannt und eine Anschlagleiste als Führung für die Handoberfräse angebracht werden.

3. Anschließend muss an die Gratleisten der eigentliche Grat angehobelt werden. Das kann wieder mit der Oberfräse oder mit dem Grathobel ausgeführt werden. Ich bevorzuge dafür den Grathobel, denn dabei kann ich immer wieder nachprüfen und somit den Grat exakt einarbeiten. Die Gratleiste soll sich bis ca. zwei Drittel der Brettbreite leicht einschieben lassen und erst im letzten Drittel „ziehen". Ein gut eingearbeiteter Grat soll auch ohne Verleimung halten.

4. Eine Gratverbindung ermöglicht das „Arbeiten" (Schwinden und Quellen) des Holzes, darum darf sie nur im letzten Drittel der Brettbreite geleimt werden.

5. Für die Füße dieses Stockerls habe ich Eschenholz verwendet. Das zähe, biegefeste Holz hält hohen Belastungen stand. Sie können aber auch andere Hölzer verwenden, achten Sie dabei aber auf eine gute astfreie Qualität. Ländliche Stühle, Stockerl, Fürbänke usw. haben traditionellerweise achteckige, spitz zulaufende Füße mit einem Zapfen am oberen Ende. Der Zapfen soll einen Durchmesser von ca. 25 mm haben. Am besten wird er auf einer Drehbank hergestellt. Sie können aber mit Raspel und Feile den Zapfen mit der Hand herstellen. Dafür bedarf es aber einiger Erfahrung, um einen gleichmäßig runden Zapfen zu erhalten.

Die Füße werden auf der Bandsäge spitz zulaufend ausgeschnitten und mit dem Putzhobel nachgeputzt.

6. Jetzt müssen die Füße schräg in das Sitzbrett eingebohrt werden. Ich habe mir dafür eine Bohrunterlage aus zwei gleichen, dreieckigen Platten, die durch ein Stangenscharnier an der Längsseite miteinander verbunden sind, angefertigt. Mit dieser „Klappe" kann jetzt jeder beliebige Winkel eingestellt werden.

7. Die Zapfen der Füße werden zusätzlich mit Keilen gesichert. Schneiden Sie dazu die Zapfen mit der Handsäge ein. Achten Sie darauf, quer zum Faserverlauf zu schneiden, da ansonsten die Gefahr besteht, dass später beim Einschlagen der Keile durch die Keilwirkung der Fuß entlang der Faserung aufreißt.

8. Die Füße können jetzt eingeleimt werden und mit den vorbereiteten Keilen gesichert werden. Nach dem Trocknen des Leimes werden die Überstände an der Sitzfläche mit dem Putzhobel verputzt und anschließend geschliffen.

9. Um die Füße gleichmäßig abschneiden zu können, legen Sie das Stockerl mit der Sitzfläche nach unten auf eine ebene Fläche. Mit einem langen Winkelhaken können Sie nun an allen vier Füßen die Markierung für den Schnitt anbringen und anschließend mit der Handsäge oder einer Feinsäge abschneiden. Die Sitzhöhe sollte ca. 45 cm betragen.

10. Als Zierde und als Auflockerung der rechteckigen Sitzfläche habe ich abschließend ein Ornament in die Stirnseiten der Sitzfläche geschnitzt. Für so einfache Ausnehmungen reicht ein gut geschärftes Stemmeisen völlig aus, falls Sie aufwändigere Schnitzereien anbringen wollen, empfiehlt sich der Kauf von speziellen Schnitzmessern.

11. Für die Oberflächenbehandlung habe ich hier eine Wachsbeize ausgewählt. Die Wachsbeize färbt einerseits das Holz und gibt ihm durch beigemengte Wachsanteile eine schützende Oberfläche. Die Wachsbeize verfärbt sich nach dem Trocknen zu einer matten, gräulichen Oberfläche. Diese muss mit einer Bürste, am besten mit Ledereinsatz, zur fertigen Holzoberfläche aufgebürstet werden.

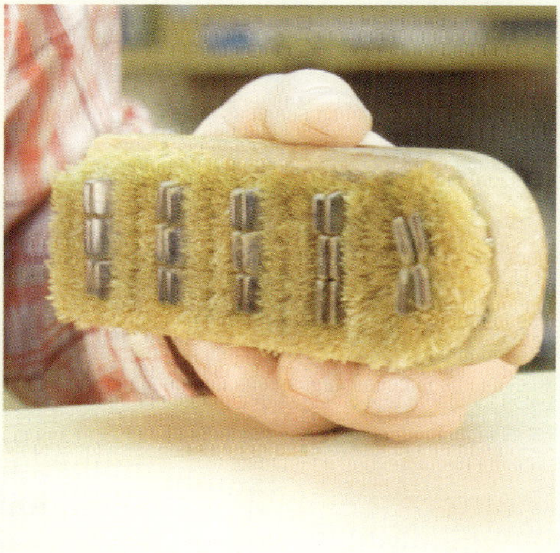

◆ Eine moderne Garderobenbank

Auf den ersten Blick sieht diese Garderobenbank recht schlicht aus. Den Entwurf habe ich auf das Wesentlichste reduziert. Die Bank besteht eigentlich nur aus drei Brettern. Als Holzverbindung liegt hier eine offene Zinkenverbindung nahe. Diese verleiht der schlichten Bank einen handwerklich hochwertigen Charakter.

Lassen Sie sich vom einfachen Erscheinungsbild dieser Garderobenbank nicht täuschen! Die handwerkliche Anfertigung setzt schon einige Erfahrung und sicheren Umgang mit dem Handwerkzeug voraus. Einerseits die Tiefe von 40 cm und andererseits eine Holzdicke von ca. 4 cm beanspruchen bei der Herstellung der Zinken konzentriertes und sehr genaues Arbeiten. Darüber hinaus habe ich mit Eschenholz ein hartes und schwer zu bearbeitendes Holz ausgewählt. Versuchen Sie die Anfertigung dieser Bank erst, wenn Sie genug Übung im Umgang mit Säge und Stemmeisen haben und Ihnen das Herstellen einer Zinkenverbindung keine Probleme mehr bereitet.

Bei der Holzauswahl habe ich bewusst den braunen Kern der Eschenbretter mit verarbeitet, um der Bank auch in Holzstruktur und Farbe eine individuelle Note zu geben.

Das brauchen Sie

1 x	Sitzfläche	1500 x 400 x 40 mm
2 x	Seitenteile	450 x 400 x 40 mm

Und so wird's gemacht

1. Bei einer Brettbreite von 40 cm müssen Sie auf alle Fälle mehrere Bretter in der Breite miteinander verleimen. Dabei reicht eine stumpfe Verleimung völlig aus. Nach dem Hobeln werden die einzelnen Bretter „Kern an Kern und Splint an Splint" aneinander gereiht, dabei wird jedes zweite Brett „gestürzt". Die zusammensortierten Bretter werden markiert, um nach dem Bestreichen mit Leim schnell die richtige Lage feststellen zu können.

2. Bevor Sie mit dem Zusammenleimen beginnen, bereiten Sie sich alle benötigten Teile (Zwingen, Zulagen usw.) vor. Das spart Zeit und stellt sicher, dass Sie die Teile noch vor dem „Anziehen" (Trocknen) des Leimes einspannen können.

Bestreichen Sie jeweils eine der zu verleimenden Kanten mit Leim. Bei stark saugenden Holzarten kann es notwendig sein, beide Kanten mit Leim zu bestreichen.

◆ **Tipp:** Um ein Kippen und Verrutschen der Holzteile zu verhindern, können Sie Querleisten aufspannen. Legen Sie Zeitungspapier zwischen Querleisten und Bretter, das verhindert das Festkleben der Querleisten. Wenn Sie öfter mit Holz arbeiten wollen, lohnt sich die Anschaffung spezieller Verleimzwingen, auf denen die zu verleimenden Teile aufgelegt werden können.

3. Anschließend werden mit Klemmzwingen die einzelnen Bretter zusammengepresst. Überschüssiger Leim lässt sich im noch feuchten Zustand mit einem feuchten Tuch entfernen. Wenn der Leim ausreichend gehärtet ist, werden die Teile auf das fertige Format geschnitten und gehobelt.

4. Ermitteln sie die Anzahl und Größe der Zinken laut Formel und Skizze (siehe Seite 69). Das erscheint auf den ersten Blick recht kompliziert, es ist aber nur eine Frage der Übung. Bei einer so dominierenden Zinkenverbindung wie bei dieser Garderobenbank sollten Sie die Zinkenteilung genau ausrechnen, bei Schubläden usw. können Sie die Zinken mit etwas Übung auch mit freiem Auge einteilen.

5. Übertragen Sie die errechneten Zinken auf die einzelnen Bankteile. Markieren Sie alle Teile, die wegfallen sollen. Nach dem Ausstemmen der Zinken werden die Schwalbenschwänze angerissen. Dabei werden die Zinken als Schablone verwendet.

Zum Schneiden so langer Teile muss oft auf ungewöhnliche Hilfsmittel zugegriffen werden

6. Sind alle Zinken und Schwalbenschwänze ausgeschnitten und ausgestemmt, wird die Passgenauigkeit der Verbindung überprüft und evtl. nachgebessert. Gehen Sie beim probeweisen Zusammensetzen der Zinkenverbindung vorsichtig vor, um die feinen Ecken der Schwalbenschwänze nicht zu beschädigen. Wenn die Verbindungen passen, werden noch vor dem endgültigen Zusammenbauen die Innenseiten fertig geschliffen.

7. Achten Sie beim Verleimen auf saubere Zulagen. Kontrollieren Sie die Rechtwinkeligkeit genau, denn bei dieser freistehenden Konstruktion würde eine Ungenauigkeit sofort auffallen.

8. Nach dem Trocknen des Leimes werden die Flächen und Kanten mit dem Putzhobel sauber verputzt. Ein gut eingestellter und geschärfter Hobel ist dafür unerlässlich. Anschließend müssen die Außenflächen geschliffen und die Kanten leicht gerundet werden. Zuletzt wird die Oberflächenbehandlung durchgeführt. Ich habe mich wieder für das Ölen und anschließendes Wachsen entschieden. Das Eschenholz wird durch das Öl zwar nicht so stark angefeuert wie etwa Nuss- und Kirschholz, doch durch diese Oberflächenbehandlung behält das Holz seine Natürlichkeit.

◆ Ein Weinregal

Mit integrierter Schublade

Eines Tages stellte sich auch bei uns das Problem, dass sich spontan Gäste angemeldet haben und der gute Rotwein, der vorzüglich zum Essen gepasst hätte, im kalten Keller gelagert war. Tags darauf machte ich mich in diversen Möbel- und Einrichtungshäusern auf die Suche nach einer geeigneten Lagermöglichkeit. Außer Weinziegeln, die wir sowieso schon im Keller haben, und sehr fragil aus Dübelstangen zusammengesteckten Regalen war wenig zu finden. Somit lag es nahe, selber ein ansprechendes Weinregal zu konstruieren.

In unserer Wohnung sollte es freistehend zwischen Wohn- und Esszimmer auch eine raumteilende Wirkung erzielen. Aus diesem Grund ist die Schublade auf beiden Seiten zu öffnen. In ihr hat außerdem der Korkenzieher, der vorher immer irgendwo, nur nicht auf seinem Platz zu finden war, nun auch seine Heimat gefunden.

Damit es als freistehendes Regal von beiden Seiten gleich aussieht, sind die Weinflaschen abwechselnd angeordnet. Im unteren Teil habe ich noch etwas Platz für aufrecht stehende Flaschen oder z.B. eine schöne Karaffe freigelassen, das lockert den Regalcharakter etwas auf.

Die sichtbar ausgearbeitete Schlitz- und Zapfenverbindung ist das wesentliche Gestaltungselement an diesem Weinregal. Zusammen mit dem markanten Nussbaumholz, das wie die meisten meiner Möbel nur geölt wurde, wird dieses Weinregal auch in Ihrer Wohnung die Blicke auf sich ziehen.

Das brauchen Sie

4 x	senkrechte Rahmenfriese	1220 x 30 x 27 mm
4 x	waagrechte Rahmenfriese	400 x 30 x 27 mm
4 x	Querfriese (eingedübelt)	200 x 30 x 27 mm
10 x	Weinhalterungen	340 x 30 x 27 mm
2 x	Böden (Multiplexplatte, furniert)	

Für die Schublade:

2 x	Vorderstücke	340 x 100 x 15 mm
2 x	Seitenteile	240 x 100 x 15 mm
1 x	Boden (Sperrholzplatte, furniert)	320 x 230 x 5 mm
2 x	Laufleisten	250 x 4 x 8 mm

Außerdem:
- 28 Holzdübel
- 8 Lamellos
- einige Schrauben
- Füße aus Edelstahl

Und so wird's gemacht

1. Wählen Sie das Holz nach Ihren Wünschen und Bedürfnissen aus. Ich habe Nussholz verwendet, da dies mit meiner übrigen Einrichtung am besten harmoniert. Hobeln und schneiden Sie das Holz laut Materialliste zu. Die hier angegebenen Maße müssen nicht unbedingt eingehalten werden, wählen Sie die Größe des Weinregals nach Ihren Ansprüchen.

2. Die beiden Grundrahmen, Vorder- bzw. Rückseite des Weinregals, werden durch eine Schlitz- und Zapfenverbindung miteinander verbunden. An den aufrecht stehenden Friesen wird der Schlitz und an den waagrechten Friesen der Zapfen ausgearbeitet. Die Dicke des Zapfens sollte etwa ein Drittel der Friesdicke betragen (Friesdicke = 30 mm/Zapfendicke = 10 mm). Reißen Sie die Verbindungen an und schneiden Sie diese mit der Handsäge ein. Der Schlitzteil muss ausgestemmt werden, der Zapfenteil wird mit der Handsäge abgesetzt. Diese Verbindung kann auch maschinell auf der Tischkreissäge oder einer Tischfräse hergestellt werden.

3. An den stehenden Rahmenteilen wird die genaue Position der Weinhalterung angerissen und anschließend werden mit einer Ständerbohrmaschine die Dübellöcher ausgebohrt. An den Weinhalterungen werden am Kreuzungspunkt der Diagonalen die Dübellöcher gebohrt.

♦ **Tipp:** Wenn Sie über keinen Bohrständer bzw. keine Langlochbohrmaschine verfügen, müssen Sie die Dübellöcher mit freier Hand einbohren. Verwenden Sie dabei einen Winkelhaken als Orientierungshilfe, um ein gerades Bohrloch zu erhalten.

4. Erst wenn alle Verbindungen und Dübelungen ausgeführt sind, werden die Rundungen an den Weinhalterungen ausgeschnitten. Die größere Rundung für den Flaschenboden lässt sich leicht auf einer Bandsäge ausschneiden, für die kleinere Rundung benötigen Sie dafür ein sehr schmales Bandsägeblatt. Die Schnittstellen müssen anschließend mit Schleifpapier geglättet werden.

♦ **Tipp:** Legen Sie dazu das Schleifpapier über einen Rundstab, damit können die Kanten gleichmäßig geschliffen werden und ein zu starkes Abschleifen an den Außen- und Innenkanten wird dadurch verhindert.

5. Vor dem Zusammenbau der beiden Rahmen (Vorderteil und Rückteil) können Sie alle Innenkanten fertig schleifen. Die Kanten sollen dabei nur leicht „gebrochen"(abgerundet) werden. Eine Dübelverbindung, die mit freier Hand gebohrt worden ist, wird immer etwas ungenau sein. Runden Sie daher auch die Hirnholzkanten der Weinhalterungen leicht ab. So entsteht eine sogenannte „Schattenfuge" und kleine Ungenauigkeiten sind dadurch nicht mehr so leicht zu sehen. Überprüfen Sie, bevor das Regal endgültig zusammengeleimt wird, noch einmal alle Holzverbindungen auf ihre Passgenauigkeit und korrigieren Sie gegebenenfalls noch etwas nach.

6. Kontrollieren Sie unbedingt nach dem Ansetzen der Zwingen die Rechtwinkeligkeit der Rahmen. Die beste Methode dafür ist das Messen der Diagonalen. Wenn beide gleich lang sind, ist die Konstruktion im rechten Winkel. Da sich durch den Druck der Klemmzwingen längere Teile durchbiegen können, ist das Messen mit dem Winkelhaken meistens ungenau.

7. Die Platte, den Boden sowie den Schubladenboden habe ich diesmal furniert. Kleinere Flächen können auch ohne eine Furnierpresse furniert werden. Die Teile werden zwischen zwei ebenen Platten mit Schraubzwingen eingespannt.

Schneiden Sie Platte und Furnier mit Übermaß zu. Für Innenseiten, die später nicht sichtbar sind, kann sogenanntes „Blindfurnier“ (billiges, minderwertiges Schälfurnier oder Furnierabfälle) verwendet werden.

Die zu furnierenden Flächen werden mit Leim bestrichen, verwenden Sie dazu einen Leimspachtel, auf diese Weise stellen Sie einen gleichmäßigen Leimauftrag sicher.

Tragen Sie den Leim sparsam auf, denn vor allem bei grobporigen Furnieren (z.B. Eiche) kann es leicht zu einem sogenannten Leimdurchschlag kommen. (Der Leim tritt durch das Furnier an die Oberfläche.)

Legen Sie anschließend das jeweilige Furnier auf die Leimfläche. Es müssen immer Ober- und Unterseite furniert werden, da sich die Platte ansonsten verziehen kann.

Spannen Sie die Platte nun zwischen zwei ausreichend dicke (je nach Größe mindestens 25 mm) und vor allem ebene Platten. Besonders gut eignen sich dafür beschichtete Spanplatten, diese haben darüber hinaus den Vorteil, dass evtl. austretender Leim nicht haften bleibt.

Wenn der Leim getrocknet ist, können die Teile weiterverarbeitet werden.

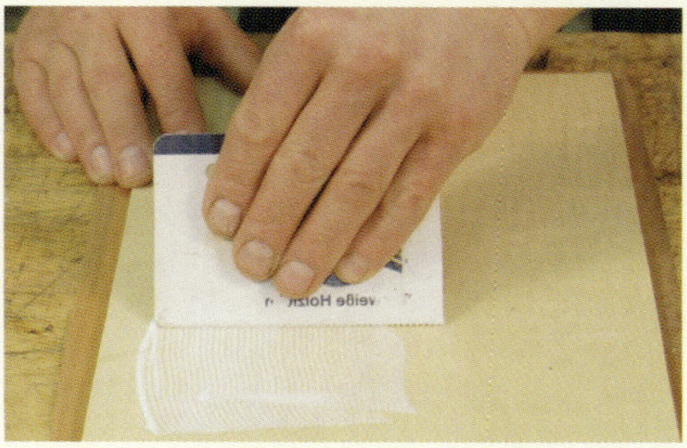

8. Die beiden Rahmen werden jetzt mit Platte, Boden und den vier Querfriesen miteinander verbunden. Platte und Boden habe ich mit einer Flachdübel-Verbindung (Lamello) versehen. Ein rechtwinkelig gehobeltes Kantholz, auf eine saubere Platte aufgespannt, dient dabei als Sicherungsanschlag. Die vier Querfriese wurden, wie schon vorher die Weinhalterungen, gedübelt.

9. Für allerlei Kleinigkeiten und vor allem für den Korkenzieher ist die Schublade vorgesehen. Da das Weinregal im Wesentlichen nur aus einzelnen Rahmen besteht, ist die Schublade allseits sichtbar. Deshalb habe ich die Schubladenführung in die Gestaltung mit einbezogen und ebenfalls sichtbar ausgeführt. Die Schublade ist mit einer halbverdeckten Zinkenverbindung gestaltet. Diese sind nur von der Seite zu sehen. Der Vorteil dieser Zinkenart liegt darin, dass eine schön gemaserte Front unversehrt bleibt. Außerdem kann leicht ein Boden eingenutet werden, ohne dass die Nut zu sehen ist. Die Arbeitsschritte sind im Wesentlichen gleich wie bei der offenen Zinkenverbindung. Im Gegensatz zu dieser können die Zinken nicht durchgesägt, sondern nur schräg vorgesägt werden. Der Rest muss ausgestemmt werden.

10. Wenn alle vier Seiten miteinander verzinkt sind, müssen Sie noch den Boden einnuten. Legen Sie die Ausnehmung für den Boden so, dass sie durch ein Schwalbenteil verläuft. Sie wird dann durch das Vorderstück verdeckt und bleibt von allen Seiten unsichtbar. Vor dem Zusammenbau werden die Grifflöcher gebohrt und alle Innenflächen samt Boden fertig geschliffen.

11. Verleimen Sie die Zinkenverbindung und achten Sie auf einen rechtwinkeligen Zusammenbau. Das ist diesmal besonders wichtig, da die Schublade später exakt in die Rahmenkonstruktion passen muss.

12. Für die Schubladenführung habe ich auf der Tischfräse eine breite Nut eingefräst. Wenn Sie über keine Tischfräse verfügen, können Sie sich auch mit einer Handoberfräse behelfen. Anschließend fertigen Sie die Laufleisten an. Sie müssen genau in die ausgefräste Nut passen.

Schrauben Sie die Laufleisten in der genauen Lage fest und prüfen Sie die Gängigkeit der Schublade.

♦ **Tipp:** Behandeln Sie die Laufflächen nach dem Ölen mit Kerzenwachs. Dadurch wird der Laufwiderstand verringert und die Schublade lässt sich leicht öffnen.

13. Zum Schluss habe ich kleine Edelstahlfüße aufgeschraubt. Im Fachhandel gibt es ein umfangreiches Sortiment an verschiedenen Modellen. Sie können aber genauso gut Holzfüße oder einen Holzsockel anbringen.

18 HOLZPORTRAITS

Die wichtigsten heimischen Nutzholzarten im Überblick

Holz hat vielfältige Farben, Formen, Gerüche und Klänge

Wer mit Holz arbeitet und den angenehmen, lebendigen Werkstoff zu ästhetischen Dingen weiterverarbeitet, wird sich früher oder später auch über die Herkunft dieses Werkstoffes Gedanken machen. Wie sieht dieser Baum aus, dessen Holz ich gerade in Händen halte? Wo wächst er, welche Früchte trägt er? Vieles werden Sie schon kennen, aber mal ehrlich, wussten Sie, dass Erlenholz auch Blutholz genannt wird, weil es kurz nach der Schlägerung blutrote Farbe annimmt, oder wissen Sie, wie alt Lärchen werden können?

Mit diesem Holzlexikon, das 18 der bekanntesten heimischen Holzarten umfasst, möchte ich Sie neugierig auf neue, Ihnen noch unbekannte Holzarten machen. Ich möchte damit Ihre Fragen beantworten und Ihnen neue Seiten der Hölzer aufzeigen. Nicht nur, wie das geschnittene Holz aussieht, sondern auch, welche kulturgeschichtliche Bedeutung, welcher Mythos hinter den einzelnen Holzarten steckt, ist interessant zu wissen.

Die ungeheure Anzahl von weltweit über 20.000 Waldbaumarten und davon ca. 2.000 Nutzholzarten macht deutlich, wie umfangreich das Thema Holz ist.

Ich habe mich hier auf die wichtigsten heimischen Nutzhölzer beschränkt, denn selbst diese im Vergleich wenigen und einfachen Hölzer zu unterscheiden und zu erkennen bedarf schon einiger Erfahrung und Übung. Vielen Tischlern und Holzhandwerkern sind zwar die fertig geschnittenen Hölzer vertraut, aber die Bäume in der Natur unterscheiden zu können fällt manchen schon schwer. Interessant ist es auch zu wissen, welche Bedeutung das Holz in früheren Jahren hatte und welche Legenden sich um so manchen Baum und dessen Früchte oder Holz ranken.

Bei mehr als 2.000 Nutzholzarten fällt die genaue Bestimmung oft recht schwer

Holz erkennen/ Holz verstehen

Um die einzelnen Holzarten auch sicher erkennen und unterscheiden zu können, braucht es viel Erfahrung und Übung. Selbst Fachleute sind sich manchmal, vor allem bei seltenen Holzarten, nicht immer sicher. Zudem sind es Wuchsfehler, Alterung, schlechte Lagerung und vieles mehr, die eine genaue Bestimmung recht schwierig machen können.

Grundsätzliches Wissen über Wachstum und Lebensweise der Bäume sowie den Aufbau des Holzes sind zur Holzartbestimmung sicherlich notwendig und hilfreich, Holz in der Verarbeitung besser zu verstehen und einsetzen zu können.

Mehr als 2.000 Holzarten

Bei weltweit über 2.000 verschiedenen Nutzholzarten ist es kaum möglich, auch nur einen Teil davon sicher erkennen und bestimmen zu können. Jahrelange Erfahrung und fundiertes Wissen sind dafür genauso notwendig wie das richtige Fingerspitzengefühl.

Um zumindest unsere wichtigsten heimischen Holzarten unterscheiden zu können, sollten wir vorher Grundsätzliches über Bäume und deren Holz wissen. Als Erstes unterscheidet man zwischen:

- **Laubholz**. Meistens recht hart und von ausgeprägter Farbe.
- **Nadelholz**. Dieses ist weicher und hat oft einen hohen Harzanteil.

Bäume wachsen jährlich in zwei Wachstumsperioden:

- **Das Frühholz** wächst im Frühjahr und im Sommer.
- **Das Spätholz** ist der langsamere Zuwachs des Holzes im Herbst. Im Winter befinden sich die Bäume in ihrer Saftruhe und bilden keinen Holzzuwachs.

Beide Wachstumsperioden ergeben zusammen einen Jahresring. Das Frühholz wächst schneller und bildet sich in den meisten Holzarten heller ab als das Spätholz, dieses ist durchwegs dunkler und auch härter.

Man unterscheidet außerdem zwischen Splintholz, Kernholz und Reifholz:

- **Splintholz** ist der äußere Rand des Holzes, es ist meistens heller als das Kernholz.
- **Kernholz** ist der innere, oft recht harte und widerstandsfähige Teil des Holzes. Es ist auf jeden Fall das wertvollere Holz.
- **Reifholz**. Es ist weder Splint noch Kernholz zu erkennen, z.B. Fichtenholz.

Darüber hinaus gibt es noch viele weitere Erkennungsmerkmale. Die wichtigsten sind:

- **Die Holzfarbe**. Die Holzfarbe kann von fast weiß beim Ahornholz bis schwarz bei Ebenholz reichen.
- **Der Holzgeruch**. Harzreiche Hölzer, z.B. Kiefer, haben meist einen ausgeprägten Holzgeruch. Der Holzgeruch ist bei frisch geschnittenem Holz am stärksten und lässt mit der Zeit nach.
- **Das Gewicht**. Eichenholz ist etwa ein Drittel schwerer als Fichten- oder Tannenholz. Das weltweit schwerste Holz (Eisenholz) ist etwa 30 x so schwer wie Balsaholz, das als das leichteste Holz gilt.
- **Der Faserverlauf**. Sind die Jahresringe sichtbar?
- **Die Maserung**. Sie kann wellig, gerade, ausgeprägt oder kaum sichtbar sein.
- **Der Klang des Holzes**. Manche klingen heller, andere dumpf.

Das sind nur einige Richtlinien zum Erkennen der verschiedenen Holzarten. Mit etwas Übung und viel Interesse für den Werkstoff Holz werden Sie bald die gängigsten Holzarten voneinander unterscheiden können.

Die nachfolgende Beschreibung der einzelnen Holzarten bezieht sich auf die gängigsten heimischen Holzsorten. Diese sind alle zur Ausführung von Tischlerarbeiten geeignet.

rechte Seite: Holz hat viele Gesichter

◆ Der Ahorn – „Fam. Aceraceae“

Der Baum

Die bedeutsamsten Ahornarten sind der Bergahorn und der Spitzahorn. Feldahorn wird hingegen sehr selten verwendet.

Ahorn ist in ganz Europa bis in den Mittelmeerraum verbreitet. Der Baum liebt tiefgründigen, lockeren Boden. Gegen Staunässe ist er recht empfindlich. Er kann bis zu 30 m hoch werden und erreicht oft einen Durchmesser von bis zu 1,50 m.

Ahornbäume können an die 400 Jahre alt werden. Besonders der Bergahorn ist bis in hohe Gebirgsregionen bis 1.600 m weit verbreitet.

Die hellgraue, flachschuppige Rinde schuppt mit zunehmendem Alter ab. Die langstieligen, fünflappigen Blätter sind wohl jedem als Mittelpunkt der kanadischen Flagge bekannt. Die Blätter des Ahornbaumes, allem voran der Spitzahorn, verfärben sich im Herbst besonders farbenprächtig. Dieser Zeitabschnitt wird in Kanada und Alaska auch als „Indian Summer“ bezeichnet.

Das Holz

Das Holz ist gelblichweiß und dunkelt mit der Zeit stark nach. Ahornholz ist hart und recht dicht, es lässt sich sehr leicht bearbeiten und gut beizen, färben und polieren. Das Holz ist recht gleichmäßig, Jahresringe und Maserung sind nur schwach zu erkennen.

Die Verwendung

Aufgrund der oben beschriebenen Eigenschaften wird das Ahornholz in der Tischlerei angefangen beim Parkettboden bis hin zur hochwertigen Kücheneinrichtung gerne verwendet.

In alten Bauernstuben war im Besonderen die Tischplatte oft aus Ahornholz angefertigt.

Der Bergahorn liefert außerdem ein hervorragendes Klangholz, das vor allem für Resonanzböden von Saiteninstrumenten verwendet wird.

Der Mythos

Der Ahornbaum gehört zu den wenigen Bäumen, denen kein eindeutiger Mythos zugeordnet werden kann. So beschreibt ihn z.B. Hildegard von Bingen als „kalt und trocken".

In der Heilkunde werden seine Blätter lediglich als kühlendes Mittel gegen Schwellungen und Entzündungen verwendet.

Aus dem Saft des Ahornbaumes wurde in vergangenen Jahrhunderten Zucker erzeugt, jedoch ohne wirtschaftliche Bedeutung. Heute findet man vor allem in den USA und in Kanada Ahornsirup häufig als Süßungsmittel.

◆ Der Apfelbaum – „Pirus malus“

Der Baum

Der Apfelbaum ist der am weitesten verbreitete Obstbaum in unserer Region. Es gibt eine schier unüberschaubare Anzahl an verschiedenen Sorten. Kaum ein Garten, der ohne Apfelbaum auskommt. Wildwachsende Formen sind nur mehr selten in Feldgehölzen und in lichten Laubwäldern anzutreffen.

Der Apfelbaum erreicht höchstens eine Höhe von 8 m und einen Stammdurchmesser von 0,5 m. Neue Zuchtformen, die die Apfelernte erleichtern, haben eine astfreie Stammhöhe von nicht einmal 2 m. Die junge Rinde ist graubraun und beginnt im Alter abzublättern. Die Blätter wirken leicht filzig.

Das Holz

Das Holz hat einen breiten, hellrötlichen Splint, der sich deutlich vom braunroten Kernholz abzeichnet. Die Jahresringe sind gut erkennbar und verlaufen oft wellenförmig. Das Holz ist hart, fest und sehr schwer. Es ist recht dicht, aber nicht sehr dauerhaft. In seinen Eigenschaften ist es dem Birnholz ähnlich. Apfelholz ist oft drehwüchsig. Es lässt sich gut bearbeiten und oberflächenbehandeln.

Die Verwendung

Im Gegensatz zu den Früchten des Apfelbaumes, die weltweit von wirtschaftlicher Bedeutung sind, spielt das Holz nur eine untergeordnete Rolle. Die geringen Ausmaße und der häufig auftretende Drehwuchs lassen kaum verwendbare Holzqualitäten zu. Trotzdem ist das Apfelholz für kleinere Einzelanfertigungen ein recht attraktives Holz mit ansprechender Maserung und Farbe.

Der Mythos

Der Apfelbaum spielt in den Mythen und Legenden kaum eine Rolle, seinen Früchten, den Äpfeln, begegnen wir hingegen ständig. So musste z.B. Wilhelm Tell der Legende nach einen Apfel vom Haupt seines Sohnes schießen. Es gibt den Liebesapfel, den Reichsapfel, aber auch den Zankapfel. Doch der bekannteste ist sicherlich der Apfel der Sünde, dem Eva im Paradies nicht widerstehen konnte.

Die Birke – „Betula“

Der Baum

Sie ist auch als Gemeine Birke, Trauerbirke oder Hängebirke bekannt. Die genaue Bezeichnung ist Weißbirke.

Die Birke ist wohl der Baum, den man wegen seiner weißen Rinde am leichtesten erkennen kann. Bei älteren Bäumen wandelt sich die anfangs papierähnliche, weiße Rinde in eine tiefrissige, dunkle Borke.

Die Birke ist in ganz Europa heimisch und wächst als Pionierbaum auf fast allen Böden.

Der schlanke Baum wird bis zu 30 m hoch und erreicht dabei einen Durchmesser von ca. 60 cm. Birken werden selten älter als 100 Jahre.

Das Holz

Das Holz der Birke ist von zarter, hellgelber Farbe und schwach glänzend. Birkenholz ist ein sehr feines und weiches Holz. Die Jahresringe sind meist nur im Querschnitt zu sehen. Es schwindet nur mäßig und ist trotz seiner Zähheit gut zu bearbeiten. Birkenholz läst sich gut beizen und lackieren.

Die Verwendung

Im Möbelbau wird Birkenholz meist nur als Maserfurnier verarbeitet. Größere Bedeutung hat Birkenholz in der Plattenindustrie und im Kisten- und Palettenbau.

Es kann für Drechsler- und Schnitzarbeiten verwendet werden.

Der Mythos

Birkenreisig wurde früher zu Besen verarbeitet. Am Land eine typische Winterarbeit. Auch die Birkenrute, die so mancher Lehrer zur Züchtigung der Kinder verwendet hat, wird vielleicht noch manchem in Erinnerung sein.

Zur Fronleichnamsprozession werden die aufgestellten Altäre mit Birkenzweigen geschmückt.

◆ Der Birnbaum – „Pyrus communis“

Der Baum

Freistehende Birnbäume erinnern in ihrer Form oft an eine Birne. Der Baum ist in ganz Mittel- und Südeuropa heimisch. Veredelt gehört er zu den wichtigsten Obstbäumen. Wildbirnbäume findet man manchmal in Feldgehölzen und lichten Laubwäldern.

Manche Birnbäume können ca. 15 m an Höhe erreichen, bei einem Durchmesser von selten über 1 m.

Das Holz

Das Holz ist hellrötlich bis braun gefärbt. Die Jahresringe sind gut erkennbar. Birnbaumholz ist recht feinporig. Es weist allerdings häufig dunkle Markflecken auf. Einwandfreies Birnbaumholz ist eher selten zu bekommen. Das Holz trocknet langsam und verwirft sich dabei recht leicht. Birnbaumholz ist hart und schwer, lässt sich aber trotzdem gut bearbeiten.

Da es sich sehr gut schwarz färben lässt, wurde es früher häufig als Ersatz für teures Ebenholz verwendet. Es schwindet wenig und ist im Trockenen ein recht dauerhaftes Holz. Mit zunehmendem Alter dunkelt das Holz fast weinrot nach.

Die Verwendung

Birnbaumholz wird im gesamten Möbelbau verwendet und ist wegen seiner angenehmen Farbe und Struktur recht beliebt.

Das Holz wird für Musikinstrumente ebenso verwendet wie für Drechsler- und Schnitzarbeiten.

Der Mythos

Heute gibt es ca. 1.500 verschiedene Sorten der Birne, die in der weltweiten Obstproduktion an zweiter Stelle nach dem Apfel steht.

Als in der Zeit des Barock das Schönheitsideal der Frauen noch viel eher als heute jenem praller, reifer Früchte ähnlich war, gab es Sorten mit Namen wie etwa Wadelbirne, Liebesbirne oder Jungfernschenkel.

◆ Die Rotbuche – „Fagus sylvatica“

Der Baum

Wenn von der Buche die Rede ist, wird im Allgemeinen von der Rotbuche ausgegangen.

Die Weißbuche kommt seltener vor und hat für die Holzwirtschaft kaum eine Bedeutung.

Die Buche ist einer der wichtigsten Bäume unserer Wälder. Der bis zu 40 m hohe Baum kann einen Durchmesser von über 1,5 m erreichen. Der vollholzige, gerade Stamm ist oft bis zu 20 m astfrei. Somit ist die Buche einer der ertragreichsten heimischen Laubbäume. Die graue, glatte Rinde glänzt leicht silbrig. Die elliptischen Blätter verfärben sich im Herbst prächtig. Buchenwälder leuchten dann von zartgelb bis tiefrot.

Das Holz

Buchenholz hat eine weißlich braune Färbung. Splint und Kernholz haben die gleiche Farbe, die Jahresringe sind gut sichtbar. Auffällig sind oft recht breite Markstrahlen.

Buchenholz ist sehr hart und dicht. Beim Trocknen kann es leicht aufreißen und verwerfen. Das Holz wird vor dem Trocknen oft gedämpft, dies bewirkt vor allem eine wesentlich schönere Holzfarbe. Durch Wuchsspannungen ist Buchenholz nur mäßig leicht zu bearbeiten.

Die Verwendung

Das Buchenholz ist vielseitig einsetzbar. Es kommt als Parkettboden genauso zum Einsatz wie als Tisch und Sessel. Die Holzindustrie stellt aus Buchenholz Sperrholz her. Es wird aber auch zu Furnieren verarbeitet. In der Spielzeugherstellung wird Buchenholz ebenfalls verwendet. Anfang des 20. Jahrhunderts setzte sich die Idee der Gebrüder Thonet, Buchenholz unter Dampf zu biegen, durch. Es wurden Millionen Sitzmöbel und andere Einrichtungsgegenstände aus Buchenholz industriell hergestellt. Berühmtheit erlangte das Modell Nr. 14 als der klassische Wiener Kaffeehausstuhl.

Der Mythos

Buchen wurden immer wieder zu besonderen Anlässen gepflanzt. So gibt es in Österreich und Deutschland unzählige Kaiserbuchen.

Eines der bekanntesten deutschen Naturdenkmäler ist die „Bavaria-Buche" im bayrischen Pondorf. Aber auch die 1.000-jährige Buche in Gutau im oberösterreichischen Mühlviertel ist ein eindrucksvolles Naturdenkmal.

◆ Die Eibe – „Taxus baccata“

Der Baum

Eiben, auch Europäische oder Orientalische Eibe genannt, werden vor allem als Ziersträucher gepflanzt, natürliche Vorkommen sind geschützt. Es handelt sich dabei um immergrüne Sträucher, die aber eine stattliche Höhe von 15 m erreichen können. Der Stamm wird meist nicht dicker als 50 cm. Die Nadeln der Eibe sind den Tannennadeln recht ähnlich, jedoch nicht zugespitzt und ohne die für die Tannennadeln charakteristischen weißen Spaltöffnungslinien. Die im Alter graubraune Rinde blättert schuppenartig ab.

Das Vorkommen der Eiben erstreckt sich über ganz Europa, Nordafrika, von Kleinasien über Indien und China bis nach Japan.

Das Holz

Der gelblich weiße Splint zeichnet sich vom hellen, rotbraunen Kernholz deutlich ab. Manchmal kann das Kernholz beinahe eine violette Färbung aufweisen. Die Jahresringe sind gut sichtbar und verlaufen meist wellenförmig. Das matt glänzende Holz weist keinen speziellen Geruch auf.

Eibenholz ist hart, schwer und sehr dicht. Es wird sogar zu den härtesten Hölzern Europas gezählt. Es ist unter den Nadelhölzern das biegsamste und ist außerdem recht dauerhaft. Es lässt sich gut bearbeiten und aufgrund seiner Dichte sehr gut polieren.

Die Verwendung

Eibenholz ist besonders im Stilmöbelbau von großer Bedeutung. Als Furnier wird es hauptsächlich im dekorativen Bereich für Intarsien u.v.m. eingesetzt. Es werden daraus aber auch hochwertige Drechslerarbeiten und Schnitzereien angefertigt. Der Instrumentenbau verwendet Eibenholz häufig zur Herstellung von Holzblasinstrumenten.

Der Mythos

Im 18. Jahrhundert durften in keinem Schlossgarten Eiben fehlen. Sie wurden zu Beeteinfassungen, Figuren, Labyrinthen und oft sogar zu kleinen Pergoden zurechtgeschnitten. Die Eibe war der Modebaum des überschwänglichen Rokoko.

Noch früher wurden aus den Eiben die Bögen der Armbrüste angefertigt, wobei Spannweiten von bis zu 2 m keine Seltenheit waren.

Die Eibe ist der einzige giftige Baum Europas. Bis auf den roten Samenmantel sind alle Teile des Baumes mit den Alkaloiden Taxin und Ephedrin durchsetzt. Durch diese Eigenschaft entstand ein Mythos, der vom antiken Griechenland bis in die Neuzeit reicht.

◆ Die Eiche – „Quercus“

Der Baum

Von den über 200 verschiedenen Eichenarten ist für uns lediglich die Stieleiche von Bedeutung. Sie ist die bei uns am weitesten verbreitete Eichenart und ist auch unter dem Namen „Sommereiche“ bekannt.

Der Baum wird zwar nur an die 40 m hoch, kann aber durchaus einen Durchmesser von weit mehr als 2 m erlangen. Auch das Alter von bis zu 2.000 (!) Jahren ist durchaus rekordverdächtig.

Eichen sind wahrlich für die Ewigkeit ausgerichtet, ein Menschenleben ist im Vergleich zur Eiche nur ein kurzer Augenblick. Dies werden auch Waldbesitzer bedenken, wenn sie eine Eiche pflanzen. Die Eiche gilt erst mit ca. 100 Jahren als ausgewachsen (Höhenwachstum) und erst mit etwa 200 Jahren kann an das Fällen einer Eiche gedacht werden.

Blätter und Früchte der Eiche sind wohl jedem bekannt. Erwähnenswert ist hingegen das Aufkommen der amerikanischen Roteiche als Ziergehölz. Bei der Roteiche fallen vor allem die bis zu 20 cm langen Blätter ins Auge, die sich im Herbst leuchtend rot verfärben.

Das Holz

Das Holz der Eiche ist sehr hart und widerstandsfähig. Es kann ohne Probleme auch im Außenbereich verwendet werden. Der helle, fast weiße Splint muss unbedingt weggeschnitten werden. Er verfault leicht und ist anfällig für Wurm- und Pilzbefall.

Das Kernholz hat eine hellbraune Färbung mit deutlich erkennbaren Jahresringen.

Eichenholz hat einen hohen Anteil an Gerbsäure. Noch in den Baum eingeschlagene Nägel o.ä. färben das Holz blau. Diese Stellen müssen herausgeschnitten werden.

Die Verwendung

Eichenholz ist vielseitig einsetzbar. Sowohl im Innenausbau als auch in der Fenster- und Türenproduktion wird es verwendet. Durch die gute Abriebfestigkeit wird Eichenholz gerne für Fußböden und zur Herstellung von Parkettböden genutzt. Eichenholz kann auch im Freibereich universell eingesetzt werden, etwa für Gartenmöbel oder Zäune u.ä.

Der Mythos

Die Eiche ist sozusagen der deutscheste unter den heimischen Bäumen.

Eichenblattkränze finden sich auf den Häuptern so mancher Kaiser und Könige. Das Blatt versinnbildlicht das Heldentum. Auf dem „Eisernen Kreuz" ist es erstmals Anfang des 19. Jahrhunderts zu sehen. Die Nationalsozialisten verwendeten Eichenlaub immer wieder als Zeichen des Sieges und der Stärke. Noch heute finden sich in den Exemplaren so mancher Nationalistischen Partei Eichen und Eichenlaub wieder.

◆ Die Erle – „Alnus“

Der Baum

Von Bedeutung sind zwei Arten der Erle, die Schwarzerle und die Weißerle, wobei es sehr verwirrend sein kann, dass die Schwarzerle auch Roterle und die Weißerle auch Grauerle genannt wird.

Erlen kommen in ganz Europa, in Nordwestafrika und in Russland vor. Sie bevorzugen tiefe Böden in niederen Lagen und gedeihen als typische Bewohner von Bachsäumen auch im Nassen recht gut. Die Bäume erreichen eine Höhe von über 30 m bei einem Durchmesser von bis zu 80 cm. Die Rinde ist anfangs glatt und von grünlich brauner (bei der Weißerle graubrauner) Farbe, später schwarzbraun und rissig.

Das Holz

Das Holz der Erle ist, wenn es frisch gefällt ist, noch rötlich weiß und dunkelt rasch auf einen rotbraunen Farbton nach. Es lassen sich weder Splint noch Kern unterscheiden (Splintholzbaum). Die Jahresringe sind nur schwer erkennbar und meist verschieden breit.

Charakteristisch für Erlenholz sind dunkle, durch Insekten verursachte Markflecken. Das Holz weist einen matten Glanz auf und ist ohne speziellen Geruch.

Erlenholz ist sehr weich und grobfaserig. Es lässt sich gut bearbeiten und bildet, wenn es nur geölt und gewachst wird, eine angenehm gleichmäßige Oberfläche.

Die Verwendung

Erlenholz hatte in der Möbelherstellung lange Zeit keine Bedeutung, es wurde lediglich als Brennholz verwendet. Ab den 1980er Jahren erfreute es sich als sogenanntes Bio-Holz stetig steigender Beliebtheit. Es wird in der gesamten Möbelherstellung verwendet.

Der Mythos

In der Legende begegnet uns die Erle in Johann Wolfgang von Goethes „Erlkönig".

Es heißt auch, dass Erlen, wenn sie gefällt werden, bluten. Das kommt nicht von ungefähr, denn an frisch geschlägerten Erlenbäumen verfärbt sich die Schnittfläche von hellgelb auf fast blutrot.

◆ Die Esche – „Fraxinus excelsior“

Der Baum

Eschen findet man vom Norden nahe dem Polarkreis bis in das südliche Italien und Griechenland. Wirtschaftlich von Bedeutung sind aber nur die Vorkommen in West- und Mitteleuropa.

Die Esche ist einer der wenigen Bäume, die „nasse Füße“ (Staunässe und Überschwemmungen) vertragen. Es wird dann teils auch von „Wassereschen“ gesprochen.

Mit oft über 40 m Höhe gehört die Esche zu den größten Laubbäumen Europas. Der Stammdurchmesser beträgt hingegen selten über 1,5 m und liegt im Durchschnitt nur bei ca. 50 cm. Der schlanke Baum ist oft bis in eine Höhe von 20 m astfrei. Die glatte, graubraune Rinde wird im Alter zunehmend rissig. Die stark wachsenden Zweige sind mit schwarzen Knospen versehen, die Blüten erscheinen vor den Blättern.

Das Holz

Eschenholz hat eine sehr einheitliche gelblich weiße Farbe. Die Jahresringe sind deutlich zu sehen. Ab einem Alter von ca. 60 Jahren beginnt sich das Holz im Kernbereich graubraun bis oliv zu verfärben. Solches Holz wird auch oft als „Oliv-Esche" angeboten, da es dem Olivenholz täuschend ähnlich sieht. Die Verfärbung des Kernes wird fälschlicherweise häufig als Bildung von Kernholz bezeichnet. Da das dunkle Holz die gleichen Eigenschaften aufweist wie das helle, kann man lediglich von einem „Falschkern" sprechen.

Eschenholz weist starke, gut sichtbare Poren auf. Es ist recht hart und sogar etwas schwerer als Eichenholz. Eschenholz lässt sich leicht trocknen, es ist zäh und sehr biegsam. Das Holz lässt sich gut bearbeiten, kann aber leicht der Länge nach spalten. Es ist gut zu verleimen, beizen und lackieren.

Die Verwendung

Eschenholz kann im gesamten Innenausbau verwendet werden. Aus Eschenholz werden unter anderem Werkzeugstiele, Sportgeräte u.ä. hergestellt. Die Möbelindustrie verarbeitet Eschenholz hauptsächlich zu Sitzmöbeln und zu Parkettböden. Früher wurden aus dem Holz der Esche Wagenräder, Deichseln und Schlitten angefertigt.

Der Mythos

Bekannt ist die aus der nordischen Mythologie stammende Weltenesche Yggdrasil. Sie bildet die Achse der Welt und verbindet Götterstadt, Riesenland und Unterwelt.

Bei uns wurde noch bis in das letzte Jahrhundert hinein Eschenlaub als Tierfutter genützt. Die Esche galt als beliebtester Laubfutterbaum.
Dem Eschenlaub werden auch heilende Kräfte nachgesagt. Es soll gegen Rheuma und Gicht helfen.

Die Fichte – „Picea abies“

Der Baum

Die Fichte gehört zu der Gruppe der Nadelhölzer. Die Fichte ist auch unter dem weniger geläufigen Namen „Rottanne“ bekannt.

Sie ist der mit Abstand am weitesten verbreitete Baum in unserer Region.

Der Anteil an Fichten liegt in unseren heimischen Wäldern bei beinahe 40%. Dies verwundert insofern nicht, da die Fichte ein anspruchsloser und relativ schnell wachsender Baum ist.

Der immergrüne Baum erreicht astfreie Längen von bis zu 28 m und Stammdurchmesser von 1,5 m bis über 2 m. Die Fichtenbestände wurden in letzter Zeit vom zunehmenden Borkenkäferbefall, Windbruch und Schneedruck arg in Mitleidenschaft gezogen.

Das Holz

Das gelblich weiße bis strohgelbe Holz ist leicht glänzend, Splint und Kernholz sind kaum zu unterscheiden. Beim Fichtenholz sind die Jahresringe leicht erkennbar. Im Gegensatz zur Weißtanne kann Fichtenholz Harzgallen aufweisen, diese müssen bei der Verarbeitung ausgebrannt oder ausgefräst werden, da später das Harz ausfließen kann.

Das weiche Holz lässt sich gut bearbeiten. Es trocknet schnell und schwindet wenig.

Die Verwendung

Fichtenholz wird vielseitig verarbeitet. Als Bauholz ist es seit alters her von großer Bedeutung. Durch die Renaissance der Holzbauweise wird diese Bedeutung in den nächsten Jahren sicherlich noch zunehmen. In der Industrie wird Fichtenholz zu Papier verarbeitet. Im Möbelbau wird es für einfache Möbel und als Blindholz (es wird überfurniert) verwendet.

Für unseren Anwendungsbereich ist es genau das richtige Holz, da es leicht zu bearbeiten ist. Auch wenn ein Werkstück nicht auf Anhieb gelingt, ist mit Fichtenholz der Schaden nicht allzu groß.

Der Mythos

In der Heilkunde spricht man den Fichtennadeln eine gute Wirkung gegen die Vitamin-C-Mangelerscheinung Skorbut zu.

Aus dem Harz der Fichte wird Kolophonium gewonnen.

◆ Die Kiefer – „Pinus sylvestris"

Der Baum

Die Kiefer ist auch unter dem Namen „Föhre" bekannt. Es gibt mehrere Unterarten, so z.B. Bergkiefer, Schwarzkiefer oder Weymouthkiefer.

Charakteristisch sind die langen, dünnen und recht spitzen Nadeln.

Der Baum wird bis zu 20 m hoch und erreicht dabei einen Durchmesser von ca. 1 m.

Auffällig ist die Rinde, die im oberen Baumbereich sehr schuppig ist. Die Stämme leuchten dann oft hellrosa. Im unteren Bereich ist sie hingegen sehr dick und rissig.

Das Holz

Das Holz weist eine deutlich sichtbare Trennung von Splint und Kernholz auf.

Das Splintholz ist hellgelblich, das Kernholz hingegen rotbräunlich. Es dunkelt rasch nach und bekommt dann ein dunkeloranges bis rotbraunes Aussehen.

Das Kiefernholz ist sehr harzreich und wird deshalb auch im Außenbereich verwendet.

Die Verwendung

Das Kiefernholz findet in der Bautischlerei als Tür- und Fensterrahmen Verwendung.

Es können durch den Harzreichtum aber auch Gartenzäune und dergleichen daraus angefertigt werden. Alte alpenländische Bauernstuben sind oft aus dem Holz der Zirbelkiefer getischlert.

Der Mythos

Aus Kiefernholz wird unter anderem Terpentinöl gewonnen. Im Mittelalter wurden aus Kiefernholz „Kienspäne" hergestellt. Dabei wurden ca. 2 cm dicke und 20 cm lange Holzspäne in Harz oder Pech getaucht; im Kienhalter angezündet erhellten sie so manche Stube.

Für die Japaner ist die Kiefer der Baum der Bäume. Er verkörpert langes Leben, Beständigkeit und Feierlichkeit. Der Baum wird unter anderem als Sitz der Götter verehrt.

Gärtner beginnen, der japanischen Tradition folgend, den Baum durch Herabbinden der Äste sowie Auslichten der Krone schon früh den Anschein hohen Alters zu verleihen.

◆ Der Kirschbaum – „Prunus avium“

Der Baum

Der Kirschbaum gehört zu der Familie der Rosengewächse und ist mit weit über 100 Arten in gemäßigten Klimazonen vertreten. Seine süßen, meist rubinroten Früchte sind uns allen wohlbekannt. Ein Kirschbaum ist beinahe in jedem Obstgarten vertreten. Die veredelten Bäume werden kaum höher als 3 m. Für die Holzwirtschaft ist somit nur der Wildkirschbaum von Bedeutung. Er erreicht eine Höhe von gut 20 m. Der Stammdurchmesser beträgt selten über 70 cm. Kirschbäume haben eine glatte Rinde, die erst bei alten Exemplaren rissig wird.

Das Holz

Das rötlich braune Kernholz wird von einem fast weißen Splintholz umgeben. Kirschholz dunkelt zu einer satten orangen bis dunkelroten Farbe nach. Es ist ein sehr feinporiges Holz, bei dem die Jahresringe deutlich zu sehen sind. Kirschholz ist mäßig hart und neigt beim Trocknen stark zum Verwerfen. Das Holz ist sehr gut und leicht zu bearbeiten, es lässt sich gut beizen und lackieren. Durch die feinporige Holzoberfläche lassen sich relativ leicht „geschlossene" Oberflächen herstellen.

Die Verwendung

Kirschholz ist wegen seiner ansprechenden Farbe und der schönen Maserung ein sehr gesuchtes Möbelholz. Es kann für alle Bereiche der Innenausstattung verwendet werden. Kirschholz wird als Massivholz genauso geschätzt wie als Furnier.

Neben dem Nussbaumholz ist es vor allem das Kirschholz, das Tischler über Generationen zum Bau von Möbeln und Einrichtungsgegenständen verwendet haben.

Der Mythos

Am 4. Dezember, dem Barbaratag, geschnittene Kirschzweige sollen in Wasser gestellt zu Weihnachten zu blühen beginnen. Mit seinen leuchtend weißen Blüten zeigt er schon im zeitigen Frühjahr das endgültige Ende des Winters an.

Vor allem in Japan wird der Kirschbaum verehrt. Zur Kirschblüte gibt es dann in vielen Dörfern prächtige Feste.

Und wer kommt nicht beim Anblick der kräftig roten Früchte in Versuchung, über den Zaun in Nachbars Garten zu steigen um einige dieser köstlichen Kirschen zu stibitzen?

Die Lärche – „Larix decidua“

Der Baum

Lärchenwälder findet man vor allem in inneralpinen Bergtälern, in Polen und in den Karpaten. Ansonsten sind meist nur einzelne Baumgruppen anzutreffen. Lärchen gedeihen bis über 2.000 m Seehöhe und werden bis zu 600 Jahre alt. Im Südtiroler Ultental gibt es einige „Urlärchen“, die auf ca. 2.000 (!) Jahre geschätzt werden.

Lärchen sind sehr schlanke Bäume, die eine Höhe von 30 m erreichen können. Der Stammdurchmesser kann 1,2 m betragen. Die Lärche ist der einzige heimische Nadelbaum, der im Herbst seine Nadeln abwirft, zuvor verfärben sie sich noch leuchtend goldgelb.

Im Frühling sprießen wieder zartgrüne, weiche Nadeln.

Das Holz

Das Lärchenholz ist im Kern von hellrot bis brauner Farbe, der Splint ist gelblich bis rötlich, er ist klar vom Kernholz abgetrennt. Die Jahresringe sind durch die dunklen Spätholzzonen deutlich zu erkennen und bilden eine schöne, gleichmäßige Maserung. Lärchenholz ist oft recht astreich. Das Holz ist härter als Fichten- und Tannenholz. Es ist recht leicht zu bearbeiten.

Lärchenholz lässt sich gut spalten, noch heute werden daraus Holzschindeln angefertigt.

Es dunkelt sehr stark nach und kann eine fast dunkelorange bis rote Farbe erreichen.

Die Verwendung

Durch den hohen Harzgehalt ist Lärchenholz im Außenbereich bestens zu verwenden. Vertäfelungen, Gartenzäune, Terrassen uvm. können aus Lärchenholz angefertigt werden.

In der Bautischlerei wird es, wie Kiefernholz, zu Türen und Fenstern verarbeitet.

Im Möbelbau kommt Lärchenholz hauptsächlich für Arbeiten im Landhausstil zum Einsatz.

Der Mythos

Aus dem Harz der Lärche wird das bei Künstlern begehrte „Venetianer Terpentin" gewonnen. Aber auch heilende Kräfte werden dem Lärchenharz nachgesagt. So soll etwa Lärchenharzsalbe bei Rheuma und Hexenschuss gute Dienste leisten. In den Alpengebieten ist die Lärche sozusagen der Haus- und Hofbaum. Um ihn hat sich dort sogar ein eigener Sagenkult entwickelt. Die Lärche gilt als Wohnort der guten Waldfrauen, unter deren Schutz Mütter und Kinder standen.

◆ Die Linde – „Tilia“

Der Baum

Sieht man von der Silberlinde, die im südlichen Russland und in der Türkei beheimatet ist, ab, sind es zwei Arten, die in Europa von Bedeutung sind: die Sommerlinde und die Winterlinde. Die Blattform ist bei beiden in etwa gleich, wobei die Sommerlinde wesentlich größere Blätter aufweist als die Winterlinde. Die Rinde ist anfangs grünlich grau und glatt. Sie wird im Alter rissig und von dunkelbrauner Färbung.

Linden werden bis zu 30 m hoch und können dabei einen Stammdurchmesser von ca. 1,20 m erreichen. Es gibt Exemplare, denen ein Alter von an die 1.000 Jahre nachgesagt wird (1.000-jährige Linde in Antiesenhofen/OÖ). Dies mag auch daran liegen, dass der Baum kaum Ansprüche an die Bodenbeschaffenheit stellt.

Das Holz

Das Holz der Sommerlinde lässt sich nur von Kennern von dem der Winterlinde unterscheiden. Es ist leicht glänzend und hat eine gelblich weiße Farbe mit häufig leicht bräunlichem Ton. Manchmal kann es grünlich gestreift oder gefleckt sein. Die Jahresringe sind am Lindenholz nur schwer erkennbar, die Markstrahlen zeichnen sich als feine weiße Linien ab.

Lindenholz ist besonders weich und gut zu biegen. Es lässt sich leicht und einfach bearbeiten und setzt der Werkzeugschneide kaum Widerstand entgegen. Das Holz ist aber wenig dauerhaft und wird leicht von Pilzen und Anobien (Holzwurm) befallen.

Die Verwendung

Lindenholz ist das klassische Holz der Schnitzer. Seit alters her werden Figuren, Reliefs, Bildtafeln und auch Gebrauchsgegenstände aus Lindenholz geschnitzt. Dass es leicht von Holzwürmern befallen wird, ist an vielen Heiligenfiguren in den Kirchen deutlich zu sehen.

Lindenholz wird aber auch zur Herstellung von Spielwaren, Holzschuhen und für Zündhölzer verwendet. Neben den Schnitzern und Bildhauern wird es auch von den Drechslern gerne verwendet.

Der Mythos

So wie die Eiche als der typisch männliche Baum gilt, so ist die Linde sicherlich der weibliche Baum. Dies kommt auch daher, dass die Germanen in der Linde die Göttin Freya, die Liebesgöttin verehrten.

Die Blüten der Linden finden oft Verwendung als Teeaufguss, der gegen Grippe helfen soll. Und als Lindenblütenwasser beschreibt es schon Hildegard von Bingen in ihren Kräuterbüchern zur Schönheitspflege.

Linden wurden oft als Gedenkbäume (Kaiserlinde) oder auf dem Dorfplatz als Dorflinden gepflanzt, unter denen man sich zur Unterhaltung, zum Tanzen, Trinken und Feiern traf. Aber auch sogenannte Gerichtslinden, unter denen Gerichtsurteile gefällt und auf denen diese oft gleich vollstreckt wurden, gab es viele.

◆ Die Tanne – „Abies“

Der Baum

Die Tanne ist im Aussehen der Fichte sehr ähnlich. Die beiden kann man am leichtesten an den Nadeln unterscheiden, so sind die Äste der Fichte rundum mit Nadeln besetzt, hingegen bei der Tanne nur zweireihig. Die Unterseite der Tannennadeln ist silbrig glänzend.

Die Zapfen (Früchte) der Tanne stehen auf den Ästen, im Gegensatz zur Fichte, bei der die Zapfen hängen.

Der Baum kann ebenfalls stattliche Ausmaße von bis zu 60 m Höhe und Stammdurchmesser von 2 m und mehr erreichen. Die Tanne stellt in der Aufforstung höhere Ansprüche an Boden und Licht als die Fichte.

Das Holz

Auch im Holzbild sind Tanne und Fichte einander zum Verwechseln ähnlich.

Es bedarf schon recht genauer Kenntnisse und Erfahrung, um diese beiden zu unterscheiden.

Als sicheres Unterscheidungsmerkmal kann man anführen, dass Tannenholz keine Harzgallen aufweist. Darüber hinaus sind Aussehen und Holzeigenschaften etwa gleich wie bei der Fichte.

Die Verwendung

Tannenholz wird genau wie Fichtenholz verwendet. Es hat gegenüber Fichtenholz den Vorteil, dass es keine Harzeinschlüsse und darum keine Harzgallen aufweist. Aus diesem Grund könnte Tannenholz z.B. im Saunabau genauso wie aus tropischen Ländern importiertes Raminholz verwendet werden.

Der Mythos

Aus dem Harz der Tanne wird „Straßburger Terpentin“ destilliert. Es ist ein sehr klares, wenig gilbendes Terpentin. Max Dörner vermutet in seinem Standardwerk „Das Malmaterial und seine Verwendung im Bilde“, dass Grünewalds weltbekannter Isenheimer Altar mit diesem Mittel gemalt wurde.

Sebastian Kneipp empfiehlt, den Tee aus den grünen Zapfen der Tanne zum Geschmeidighalten der Stimmbänder zu trinken.

Darüber hinaus ist die Tanne sicherlich der beliebteste Weihnachtsbaum.

◆ Die Ulme – „Ulmus“

Der Baum

Die Ulme ist auch unter dem Namen „Rüster“ bekannt. Es gibt über 35 Arten, davon sind drei in Europa heimisch. Das sind die Bergulme, die Feldulme und die Flatterulme.

Der schnell wachsende Baum kann eine Höhe von 40 m erreichen. Der Stammdurchmesser liegt selten über 4 m, im Normalfall bei etwa 2 m.

Bergulmen können bis in Höhen von 1.500 m auf tiefgründigem Boden gut gedeihen. Die Rinde ist schwarzbraun, recht dick und rissig.

Das Holz

Das Ulmenholz hat einen breiten Splint von gelblicher Farbe und einen hellbraunen, bisweilen rötlich braunen Kern. Die Jahresringe sind in dem grobporigen Holz deutlich zu erkennen.

Ulmenholz ist dem der Esche in Struktur und Maserung recht ähnlich, die Farbe ist etwas bräunlicher als das der Esche.

Das recht harte Holz ist zäh, biegsam und dauerhaft. Ulmenholz ist eher schwer zu bearbeiten. Die großen Poren können bei der Oberflächenbehandlung, besonders beim Polieren, zu Schwierigkeiten führen.

Die Verwendung

Ulmenholz kann im gesamten Innenausbau verwendet werden. Es wird als Massivholz genauso angeboten wie als Furnier. Es eignet sich auch gut für Parkettböden und für den Holztreppenbau.

Der Mythos

Pilzbefall und der Ulmensplintkäfer haben dem Ulmenbestand in ganz Europa seit Beginn des 20. Jahrhunderts stark zugesetzt und dezimiert. Zwar bemüht man sich, mit Erfolg, resistente Formen zu züchten, bis sich die Bestände aber wieder erholt haben, wird es noch Jahrzehnte dauern. Darüber hinaus ist die Ulme ein Baum, dessen Holz aus der Mode gekommen ist.

Aus dem Bast der Ulmen wurden früher Stricke und Bienenkörbe hergestellt. Außerdem wurde er in Gärtnereien als Bindebast verwendet. Die Ulme gilt neben Weide und Pappel als der Baum der Trauer.

◆ Der Walnussbaum – „Juglans regia“

Der Baum

Der ursprünglich aus Asien stammende Nussbaum wurde schon früh, bereits während der Römerzeit, in Mitteleuropa kultiviert.

Der sehr wärmebedürftige Baum bevorzugt fruchtbaren Boden in milden Lagen. Er kann bis zu etwa 600 Jahre alt werden. Walnussbäume gehören mit bis zu 30 m Höhe und einem Durchmesser von bis zu 2 m zu den größten heimischen Obstbäumen.

Der Walnussbaum hat große, wechselständige und fünf- bis neunzählig gefiederte Blätter.

Das Holz

Das grauweiße Splintholz unterscheidet sich deutlich vom schwarzbraunen Kernholz.

Bei den Wurzelanläufen (unterer Stammbereich) und an starken Gabelästen bilden sich sehr schöne Maserungen aus, das sogenannte „Nusswurzelholz".

Das feinfaserige Holz trocknet langsam und lässt sich trotz seiner Härte recht gut bearbeiten.

Walnussholz lässt sich hervorragend polieren und war nicht nur deshalb eine der beliebtesten Holzarten von der Renaissance bis hin zum Jugendstil.

Da fehlerfreie Walnussstämme sehr selten geworden sind, müssen Sie einerseits mit hohen Kubikmeterpreisen und andererseits mit einem oft nicht unerheblichen Verschnitt rechnen.

Die Verwendung

Walnussholz kann im gesamten Innenausbau verwendet werden. Durch die schöne Maserung und die warme braune Farbe lassen sich daraus wunderbare Einzelstücke fertigen.

Für den Außenbereich ist Walnussholz ungeeignet.

Das Holz des Walnussbaumes ist in Mitteleuropa über Jahrhunderte eines der beliebtesten Hölzer gewesen.

Der Mythos

Nussbaumblätter ersetzten schon so manchem früheren Zeitgenossen den Tabak. So schreibt z.B. Johann Peter Hebel: „Hab ich kein Tabak auch – Nussbaumlaub gibt guten Rauch."

In der Kosmetikindustrie werden Nussbaumlaub und die noch grünen Schalen der Nüsse zu Sonnencremen o.ä. verarbeitet.

Einige grüne Nüsse in Schnaps oder Weingeist angesetzt und mehrere Wochen an einem sonnigen Fensterplatz gestellt ergeben einen herrlichen Nusslikör.

Nicht zuletzt werden auch heute noch die Schäfte und Kolben von allerfeinsten Jagdwaffen aus ausgesuchtem Nussbaumholz hergestellt.

◆ Der Zwetschkenbaum – „Prunus domestica"

Der Baum

Der Zwetschkenbaum wird vor allem im mittel- und norddeutschen Sprachraum auch als Pflaumenbaum bezeichnet. Er stammt ursprünglich aus dem Orient. Im Süden Europas sind noch ganze Wälder mit Zwetschkenbäumen anzutreffen. Der Baum wird hauptsächlich wegen seiner wohlschmeckenden Früchte kultiviert, das Holz hat eine untergeordnete Rolle. Der Zwetschkenbaum wird kaum höher als 10 m und erreicht meist nur ein sehr geringes Alter von 30-40 Jahren. Alte Bäume sind meistens kernfaul, das heißt, dass sie innen verfault und hohl sind. Die junge Rinde ist glatt und grau, sie wird mit zunehmendem Alter braunschwarz und rissig.

Das Holz

Der schmale Splint ist gelblich, das Kernholz weist eine rötlich braune und teilweise sogar leicht violette Farbe auf. Es ist oft mit teilweise helleren und dunkleren Adern durchzogen. Dadurch wirkt Zwetschkenholz sehr dekorativ. Die Jahresringe bilden je nach Schnitt (radial/tangential) glänzende, gewellte Streifen oder rötlich glänzende Spiegel.

Das Holz ist hart und recht spröde, es schwindet stark und ist im Freien verwendet nicht dauerhaft. Zwetschkenholz ist schwer spaltbar, lässt sich aber gut und sauber bearbeiten. Es eignet sich gut zum Drechseln und ist leicht polierbar.

Die Verwendung

Zwetschkenholz ist meist nur in sehr geringen Mengen erhältlich. Es eignet sich gut zur Herstellung von Drechslerarbeiten sowie für Schnitzereien. Im Möbelbau hat es wegen seiner geringen Abmessungen nur wenig Bedeutung, ist aber für kleine Solitär-Möbel ein durchaus attraktives Tischlerholz – wenngleich auch gute Qualitäten nur schwer zu bekommen sind.

Der Mythos

Mit dem Zwetschkenholz wird kaum ein Mythos verbunden. Es sind vielmehr die Früchte, die in ihrer gebrannten Form als Zwetschkenschnaps (Sliwowitz) sicherlich schon für so manche heitere Begebenheit gesorgt haben.

◆ Faszination Holz

Hölzer sammeln

Eine große Anzahl an Holzhandwerkern und interessierten Holzliebhabern, vom Laien bis hin zum Tischlermeister, sammelt selber Muster verschiedener Holzarten. Diese werden in Mappen katalogisiert und abgeheftet.

Sie müssen für Ihre Werkstücke auch nicht immer handelsübliche Bretter und Furniere verwenden. So mancher im Garten zu groß gewachsene Strauch kann durchaus brauchbares Holz für kleine Bastlerarbeiten liefern. Mit der Bandsäge und einem entsprechend grob gezahnten Sägeband werden aus dem Stamm möglichst parallele Bretter geschnitten, die anschließend einige Zeit zum Trocknen, je nach Dicke, mindestens ein Jahr gelagert werden sollen. Man braucht schon etwas Geduld, aber dafür bietet so mancher Stamm Überraschendes an Farbe und Maserung seines Holzes.

Essigbaum und Flieder

Der Essigbaum, der auch in unseren Gärten einen Stammdurchmesser von ca. 20 cm erreichen kann, liefert hellgrünes bis zitronengelb glänzendes Holz. Flieder, Sanddorn, Goldregen, Magnolie, Eberesche und der extrem langsam wachsende Buchsbaum liefern Hölzer, die Ihr Werkstück (oder Teile davon) zum einmaligen Unikat machen.

Der Louvre des Holzes

Wer von dieser Vielfalt nicht genug bekommen kann, dem kann ich nur einen Besuch im Holz- und Werkzeugmuseum LIGNORAMA im oberösterreichischen Riedau ans Herz legen.

Das Museum birgt mit einer Holzmustersammlung, die an die 1.500 verschiedene Holzmuster umfasst, einen wahren Schatz in sich. Der aus Oldenburg stammende Holzforscher Ing. Heinz Stöckigt hat in jahrzehntelanger Kleinarbeit diese in Europa einzigartige Holzmustersammlung aufgebaut, die seit einigen Jahren im Holz- und Werkzeugmuseum LIGNORAMA Riedau einen passenden Aufstellungsort gefunden hat. Sie bildet nun sozusagen das Herz des Museums. Europas größte und umfangreichste Xylothek wird von den Betreibern des Museums auch als „Der Louvre des Holzes" bezeichnet und das zu Recht, sind doch alle 1.500 Holzmuster übersichtlich auf DIN-A4-Tafeln angeordnet. Wer Genaueres wissen will, kann sich in das dazugehörige Kompendium vertiefen und dabei auf vielerlei ungeahnte Holzarten stoßen. Darunter sind natürlich sämtliche heimische Holzarten und deren besondere Wuchsformen wie Vogelaugenahorn oder etwa verschiedene Maserfurniere. Direkt nebeneinander können Sie die Ausformung der gleichen Holzart in verschiedenen Ländern und Kontinenten studieren. So lassen sich z.B. deutsches, französisches, amerikanisches und kaukasisches Nussholz leicht miteinander vergleichen.

Von Amaranth bis Zebrano

Es ist ein Streifzug durch eine wahre Wunderwelt an Farben und Formen mit klingenden Namen wie etwa Königsholz, Schlangenholz, Veilchenholz, Zebrano, Zitrone, Rosenholz, Tulpenbaum oder den verschiedensten Palisanderarten. Wussten Sie etwa, wie das Holz des Götterbaumes aussieht oder dass Satine eine Holzart ist? Wer erst einmal in die Welt der Hölzer eingetaucht ist, wird aus dem Staunen kaum noch herauskommen. Holzanfänger finden darin genauso viel Interessantes und Wissenswertes wie langjährige Fachleute.

500 Fachbücher

Neben der Xylothek bietet das LIGNORAMA aber auch noch eine über 500 Bände umfassende Fachbibliothek, die auch mir beim Schreiben dieses Buches wertvolle Dienste geleistet hat.